# 近江の神道文化

宇野 日出生

SUNRISE

# はじめに

御朱印ブームもあって、神社への参拝者は増えています。「静かなブーム」と言っておきたいと思います。お参りのかたちは「御朱印だけ」という人もいますので、参拝方法は実にまちまちです。しかし、むかしは全く違いました。真剣に神や仏に祈ることが、幸せな生活を送る保証となったからです。ところが、科学の発展と社会制度が充実した現在では、昔の祈りかたと比べると、大きな変化が生じました。

本書が「近江の神道文化」をテーマにした根底には、かかる問題意識があったからにほかありません。滋賀県内には、神社仏閣が多く存在しています。この宗教施設は、県下に住む多くの住民にとって重要な役割を有していますが、その信仰のかたちは、昔と全く違います。それは地域に残る祭祀祭礼や仏教行事を見れば、一目瞭然です。

日本に仏教が伝来して以降、本来わが国にあった神祇信仰と融合した神仏習合の信仰形態は、江戸時代まで続きました。明治時代になると、神仏分離政策が図られたものの、今も習合体系は存在してますし、さしたる違和感もなく日常生活のなかで受け入れています。

多様化する現代社会のなかにあって、わが国古来の神道および神道文化は、さまざまなかたちを今に伝えています。鎌田純一氏は「神道はたんなる慣習ではない。それら伝統的な慣習の根本のもの、宗教の一つとして捉えられるのである」（『神道概説』学生社・二〇〇七）と述べておられます。私は神道とは「日本人が歩んできた道」であると思っています。

本書は、神道および神道文化を考えるうえで必ず指摘される、社殿・社宝・祭礼などに特化した内容構成になっておりません。いろいろな史実が複雑に絡み合った宗教文化というものを、『近江の神道文化』と題して、私なりの視点で紹介しています。一話完結の体裁となっておりますので、ご興味のある箇所からご自由にお読みいただければと思います。また本書の構成上、逐一史料の引用や参考文献についても明記しておりません。できるだけ読みやすい文体にて、表現いたしました。なお近江の神道文化については、とても全二十五話で説明でき得るものではありません。これからも、しっかりと研鑽を重ねていきたいと思っております。

宇野 日出生

# 目次

## 湖南



## 湖西・その他

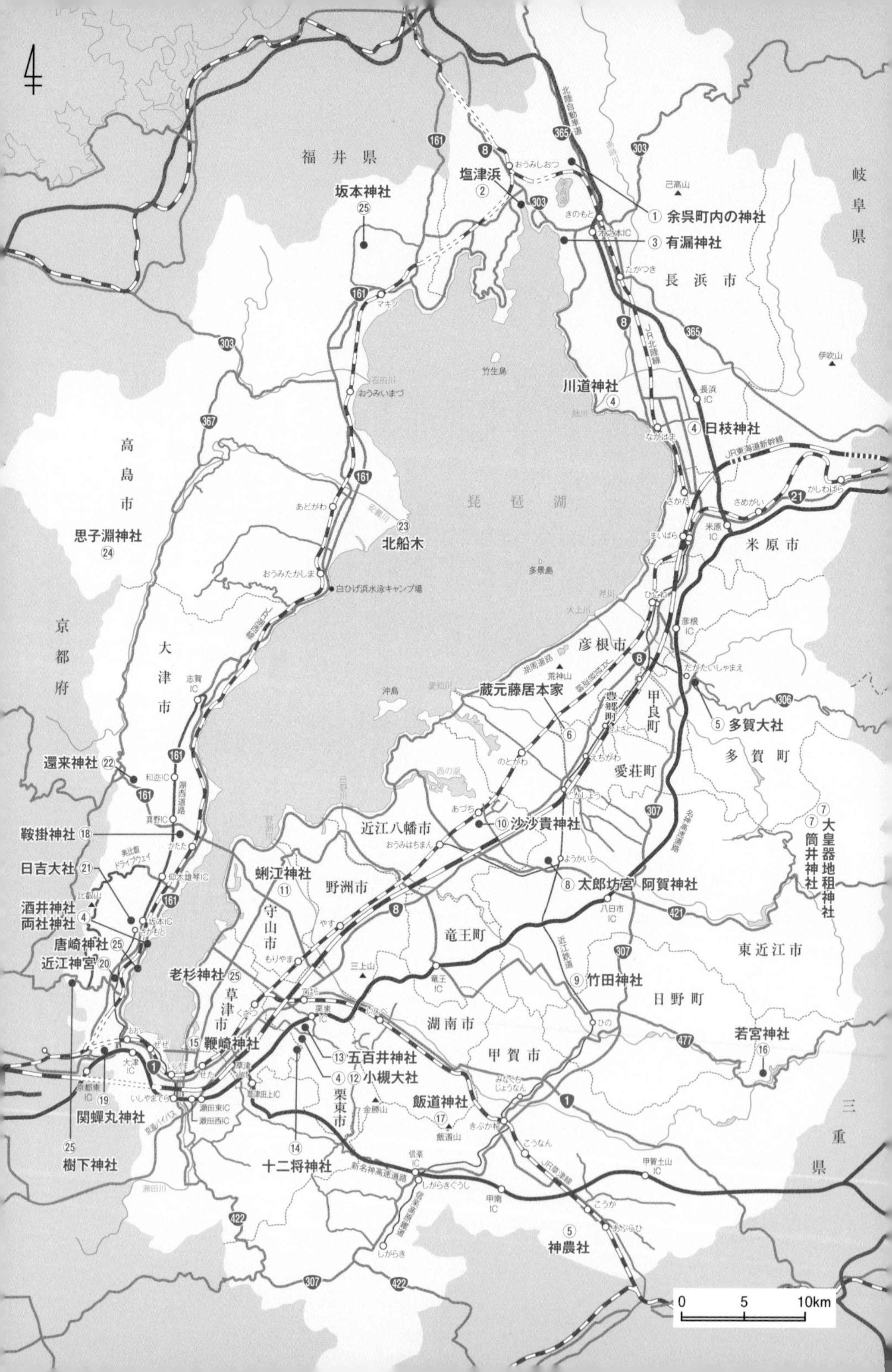

4
福井県
岐阜県
京都府
三重県
高島市
大津市
長浜市
米原市
彦根市
甲良町
豊郷町
愛荘町
多賀町
近江八幡市
野洲市
守山市
草津市
竜王町
東近江市
日野町
湖南市
甲賀市
栗東市
琵琶湖
竹生島
多景島
沖島
西の湖
① 余呉町内の神社
② 塩津浜
③ 有漏神社
④ 川道神社
④ 日枝神社
⑤ 多賀大社
⑥ 蔵元藤居本家
⑦ 大皇器地祖神社
⑦ 筒井神社
⑧ 太郎坊宮 阿賀神社
⑨ 竹田神社
⑩ 沙沙貴神社
⑪ 蜊江神社
④ ⑫ 小槻大社
⑬ 五百井神社
⑭ 十二将神社
⑮ 鞭崎神社
⑯ 若宮神社
⑰ 飯道神社
⑱ 鞍掛神社
⑲ 関蝉丸神社
⑳ 近江神宮
㉑ 日吉大社
㉒ 還来神社
㉓ 北船木
㉔ 思子淵神社
㉕ 坂本神社
㉕ 唐崎神社
㉕ 老杉神社
㉕ 樹下神社
④ 酒井神社 両社神社
⑤ 神農社
白ひげ浜水泳キャンプ場
己高山
伊吹山
荒神山
三上山
金勝山
飯道山
比叡山
JR北陸線
JR東海道新幹線
JR草津線
北陸自動車道
名神高速道路
新名神高速道路
湖西道路
近江鉄道
信楽高原鐵道
奥比叡ドライブウェイ
京滋バイパス
おうみしおつ
きのもと
木ノ本IC
たかつき
長浜IC
ながはま
さかた
まいばら
米原IC
さめがい
かしわばら
ひこね
彦根IC
たがたいしゃまえ
とよさと
えちがわ
とかしょう
のとがわ
あづち
おうみはちまん
ようかいち
八日市IC
やす
もりやま
くさつ
てばら
栗東IC
いしべ
竜王IC
ひの
みなくち じょうなん
きぶかわ
こうなん
こうか
あぶらひ
甲賀土山IC
甲南IC
信楽IC
しがらききぐうし
しがらき
瀬田東IC
瀬田西IC
草津田上IC
草津JCT
いしやまでら
せた
ぜぜ
おおつ
大津IC
京都東IC
坂本IC
さかもと
仰木雄琴IC
かたた
真野IC
和迩IC
志賀IC
おうみたかしま
あどがわ
おうみいまづ
マキノ
安曇川
石田川
愛知川
日野川
野洲川
犬上川
芹川
姉川
高時川
瀬田川
余呉湖
0 5 10km

# 湖北

1　消滅集落の神さま
長浜市余呉町内の神社

2　津波で消えた社
長浜市・塩津浜

3　湖上から祈る
長浜市・有漏神社

4　お餅
長浜市・川道神社ほか

# 1

# 消滅集落の神さま

## 長浜市余呉町内の神社

昭和四十三年（一九六八）、現在の長浜市余呉町の高時川《たかときがわ》で丹生《にう》（高時川）ダム建設が計画されました。平成八年（一九九六）には、水没家屋（四〇戸）や宗教施設の移転が完了しましたが、平成二十八年（二〇一六）になって、ダム建設事業は中止となりました。理由は京阪神地域での水需要の低下等によるもので、建設反対運動によるものではありません。しかし国や自治体は、家屋等の立ち退き、用地買収、周辺工事等に六〇〇億円ほどを費やしていました。

高時川沿いの各集落は、県下最北端の山間に点在しており、過疎化も進行している地域でした。ダム建設事業によって、住民は余呉湖周辺の平野部へと移住することになったのです。当然信仰の対象であった各集落に鎮座していた神社も、補償費を伴って平野部へ遷座することとなりました。まさしく大移動でした。しかし宗教施設の移転というのは、単なる「建造物の移動」といった形で済むものではありません。つまり周囲の景観、立地の条件などが重要な要素として加味されなければならないからです。したがって同様のものが、建立できるわけありません。結果、住民の苦渋の選択が、新社殿のかたちとなって現れることとなりました。その実例を、以下紹介していきたいと思います。

高時川上流の半明《はんみょう》に鎮座の愛宕《あたご》神社は、一四キロ程南、余呉湖北部の中之郷《なかのごう》に鎮座の鉛練比古《えれひこ》神社境内に遷《うつ》りました。しかしここに遷座してい

**半明の愛宕神社**　中之郷の鈴練比古神社境内

ることは、関係者以外わかりません。本殿は覆屋《おおいや》のなかに納められていて、外側に何ら説明もありません。

半明の南部、針川《はりかわ》・尾羽梨《おばなし》・鷲見《わしみ》の各集落に鎮座の春日神社・日吉神社・八幡神社は、中之郷から一キロ程北、東野《ひがしの》に鎮座の八幡神社本殿内に新社殿を造営し、三社を合祀しました。境内には記念碑が建てられています。しかし新社殿のこと

**針川・尾羽梨・鷲見地区各社の合祀社殿**
東野の八幡神社本殿内

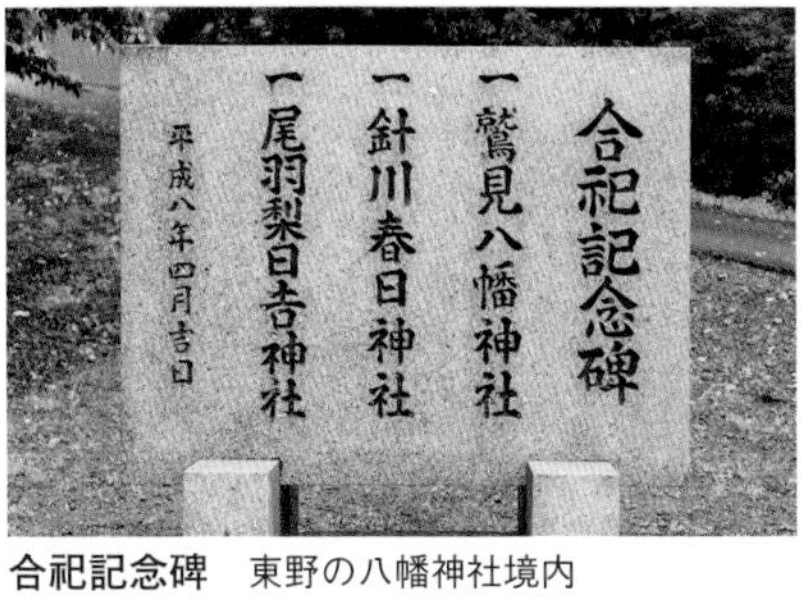


**合祀記念碑**　東野の八幡神社境内

**鷲見の八幡神社**（中島誠一氏、1988年撮影）

**鷲見の洞窟内の祠**（中島誠一氏、1988年撮影）

**田戸・小原地区各社の合祀社殿**　今市の佐味神社拝殿内

は、関係者以外わかりません。なお鷲見には八幡神社の社殿ほかに、少し離れた所に洞窟があって、中に石造の祠がありました。三体の仏像が安置されていて、祭礼は両者が一体となって行われていました。

鷲見の南部、田戸《たど》・小原《おはら》の各集落に鎮座の各春日神社は、東野から一キロ程北、今市《いまいち》に鎮座の佐味《さみ》神社拝殿内に新社殿を造営し、二社を合祀しました。しかし新社殿のことは、関係者以外わかりません。

田戸の東部、岐阜県境に近い奥川並《おくこうなみ》に鎮座の八幡神社は、今市の集落内にひっそりと社殿を建立しています。この社殿も関係者以外わかりません。

以上、高時川沿い集落に鎮座の神社について、その遷座の実態を述べました。鎮座当初は参詣も盛んだったと思いますが、最近は移住世代も高齢化して、新居にも空家が目立つようになりました。かつての山間集落の鎮守社は、平野部の新社殿としてよみがえり、新たな形態や環境のなかで存続しています。先祖伝来の地を離れた住民にとって、心の支えとしての神さまが、いつまでも身近で見守ってくださることは、大いなる安らぎであることに違いないと思います。

**奥川並の八幡神社**　今市の集落内

# 2

# 津波で消えた社

長浜市・塩津浜

元暦二年（一一八五）七月九日の正午頃、琵琶湖西岸断層南部を震源とするマグニチュード7超の大地震が発生しました。その結果、大津波が湖北を襲い、塩津港《しおつ》（長浜市西浅井町塩津浜）は、鎮座していた神社もろとも瞬時に水没しました。その遺構が平成十八年（二〇〇六）に発掘調査されました。何と八〇〇年余の時を経て、当時の姿が出現したのです。近江国内を直撃した身の毛もよだつ惨劇は、この時代を代表する史料にも、しっかりと記されています。そこでまずその記録から見ていきたいと思います。

平安時代末期から鎌倉時代初期の公卿である中山忠親《ただちか》の日記『山槐記《さんかいき》』、元暦二年七月九日条には、次のように書かれています。

近江の湖水、北に流る、水減り岸より或いは四五段、或いは三四段、後日に元のごとく岸に満つと云々、

さらに鴨長明の随筆『方丈記』では、

山はくづれて河を埋《うづ》み、海（琵琶湖）は傾きて、陸地をひたせり、土裂けて水涌き出で、巌《いわお》割れて谷にまろび入る、なぎさ（渚）漕ぐ船は波にたゞよひ、道行く馬はあし（足）の立ちどをまどはす、

と記されます。『山槐記』では湖水が北に向かって押し寄せ、湖岸の水位が下がったことがわかり

ます。『方丈記』では津波が発生して、陸地が水没したことを著しています。

　ではこのような文献史料を基にして、実際の発掘調査の成果を見ていきたいと思います。塩津港は古代より畿内と北陸を結ぶ重要な港として位置づけられており、万葉集にも詠まれています。北陸の物資は塩津街道から当港を経て、湖上を大津まで輸送し、そして京都まで陸送されました。塩津港は、いわゆる中継港としての重要な役割を果たしていたのです。港は大変賑わっていたと思われ、港に往来する船、そしてそれに携わる人びとの安全と繁栄を守護した神さまを祀った、立派な神社が港に隣接して建立されていました。神社は塩津港にとって、重要な信仰の拠点だったことが

**塩津港遺跡（神社跡）の全景**
北から撮影、上部は琵琶湖

**遺構からの想像図**（公財 滋賀県文化財保護協会提供）

**出土した神像**　上：男神像／下：女神像

わかります。

発掘調査では、平安時代後期の神社跡として多くの出土遺物が確認されて、往時の境内の状況が浮かび上がってきました。まず本殿・拝殿が琵琶湖に向かって南面し、社殿前に建つ鳥居からは、竹生島が遠望できたことでしょう。本殿内陣には神像が祀られており、男神像（二体）と女神像（三体）が出土しました。強烈な津波だったため、社殿の柱は全て北向きに倒れており、神像や祭具類は社殿北辺から散在した形状で発見されました。さらに興味深い出土品として、大型の「起《き》請《しょう》文《もん》木《き》札《ふだ》」が多く残っていました。保延三年（一一三七）の木札が最古のもので、その頃にはすでに祭事が行われていたことを物語っています。木札には、窃盗への戒めや運送の確約等について、近江の神々へ誓いのことばが記されています。日吉・建部・兵主・三上（御上）の各社の神さまや、地元塩津の鎮守神の名前もみられます。

古代の塩津港は琵琶湖を埋め立てて造成した本格的な港で、十二世紀前半から工事が始められています。港湾の造成と共に、すばらしい社も建立されたのです。我々はこの古代祭祀遺跡から、実に多くのことを学びとることができるのです。

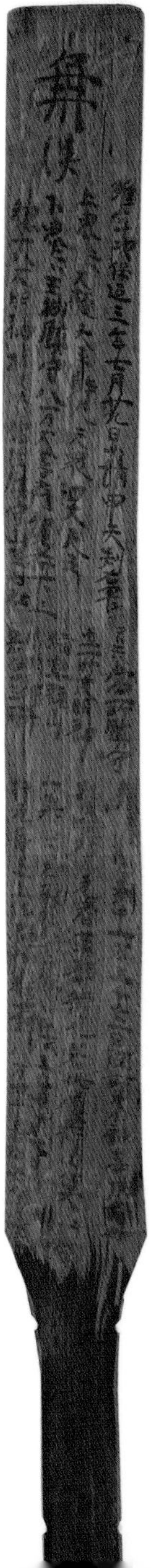

**起請文木札**（保延3年〈1137〉）

（写真は滋賀県提供）

3

# 湖上から祈る

長浜市・有漏神社

長浜市木之本町山梨子《やまなし》には、湖上から舟で上陸して参拝する神社があります。山梨子の集落から琵琶湖岸沿いに徒歩でも可能ですが、ところどころ歩行困難の箇所があるため、舟の方が便利です。社名は有漏《うろ》神社。「うろ」とは、「虚」の意として「から」「ほらあな」を指しますが、湖北地方では「ほこら」の意も含んだ言葉だったようです。なお漢字の「有漏」は、仏教用語の「煩悩」の意をあらわす文字を充てたと思われます。江戸時代の文献には、「小宮」と記されていますが、いつ頃から「有漏」と表記するようになったのかは、わかりません。

元禄八年（一六九五）の山梨子村の人口は、六十七人。同村の書留帳である『年々萬日記』

横井誠一さんのボートで神社に向かう。背後は山梨子の集落

（長浜市指定文化財）によりますと、元文五年（一七四〇）の段階で、村の戸数は十三戸だったことがわかります。同日記には、神社についても記されています。「小宮壱社、当村氏神ニ而御座候、村より八町（約八七〇メートル）南浜手山ノ麓」に鎮座していたとあります。村の南浜手山麓とは「宮河原《みやがわら》」の場所を指し、村内唯一の社として崇敬されていたことがわかります。

琵琶湖沖から有漏神社鳥居を見る

有漏神社境内　本殿と拝殿

覆屋のなかの本殿

江戸時代、湖北には「四ケ浦」なる年貢積出港がありました。北から順に、飯浦《はんのうら》・山梨子・片山《かたやま》・尾上《おのえ》の各港です。役船（主に丸子船《まるこぶね》）は都合十五艘あって、彦根藩船奉行の管理下にありました。他に小舟も多数存在しました。山梨子村は、物資積出の港として栄えていたことがわかります。

ところが現在、山梨子の戸数は全八戸（二十二人）。以前は漁業や山仕事などで経済的にも豊かでした、とご案内いただいた横井誠一さん（七十三歳・二〇一九年当時）はおっしゃいました。集落に寺はなく、皆で神社を大切な心のよりどころとしてお守りしてきました。少し離れた山中にあるものの、境内の整備や参道の普請は今も変わることなく続けていますと。昔から舟に乗って参拝しに行きましたし、沖の舟上からは常に拝んでいました。遠く堅田から来た漁民も、沖より鳥居の方に向かって拝んでいました、となつかしむ語り口が印象的でした。

有漏神社は湖岸に建つ鳥居をくぐり、急斜面の石段を上がりきると、山中の中腹に鎮座しています。神饌以下、神事に関わる全ては舟で運ばれ、直会も拝殿で盛大に執り行われていたといいます。しかし今は諸般の事情により、神事は集落の集会所内に分祀された祭壇の前で行われています。なお集会所における祭事は、すでに昭和三十年代から始められており、それ以前は空き家を利用していました。例年二月十六日（現在は前後の日曜日）のオコナイでは、六年前まで「まゆ玉」づくりも行っていましたが、今は餅つきを中心にして、行っていないとのことです。

過疎化が進行する地域ではありますが、山梨子の人びとには先祖より連綿と受け継いできた有漏神社への篤い思いと信仰があります。取材を終えて横井さん宅の玄関を出ると、目の前に琵琶湖が迫り、その遙か遠くに竹生島が浮かんでいました。不変の祈りと景観に、万感の思いもって山梨子をあとにしました。

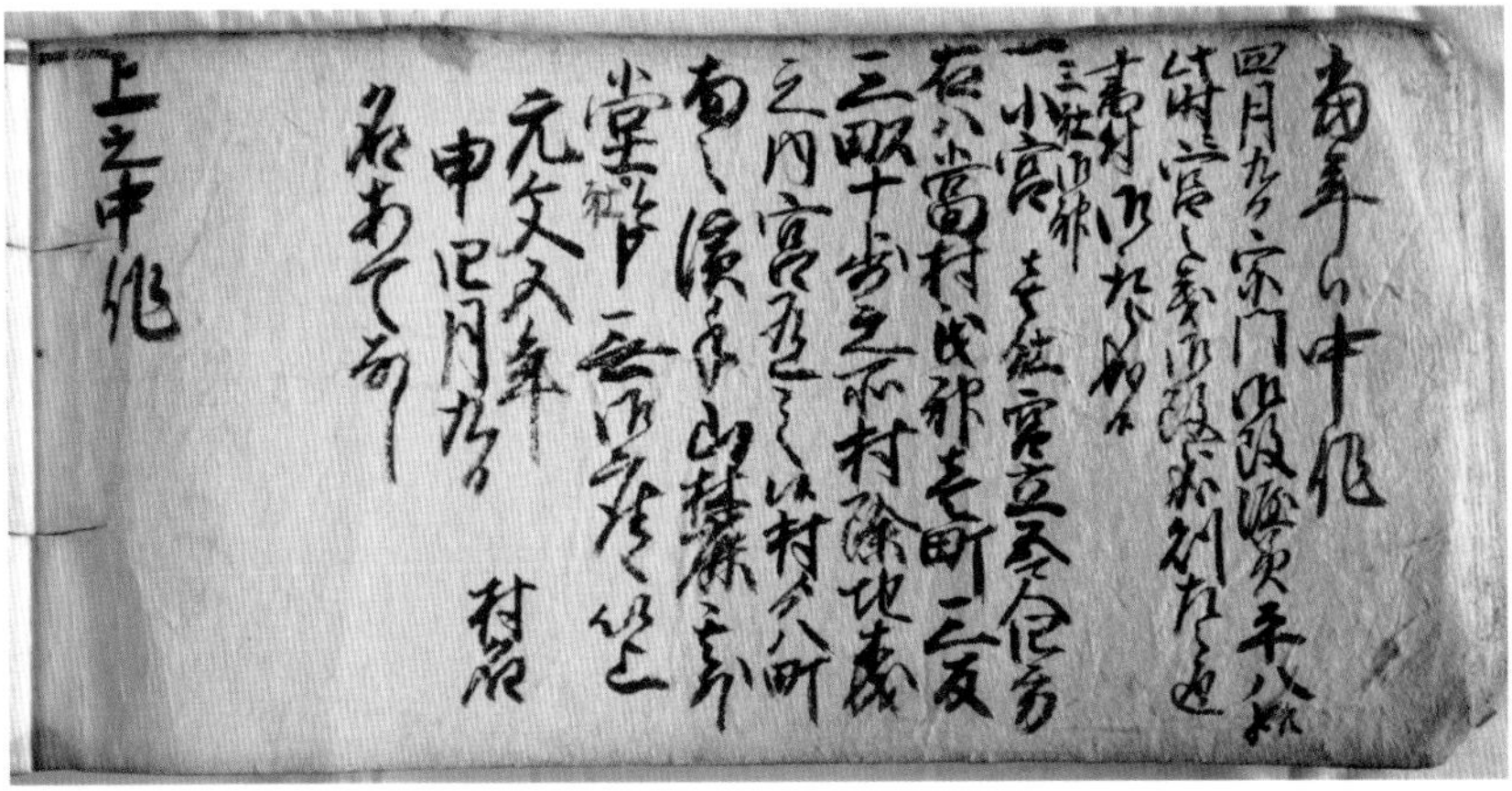

『年々萬日記』（長浜市指定文化財、個人蔵）

集会所に分祀された祭壇

4

# お餅

長浜市・川道神社ほか

今や餅は、いつでもどこでも食べられる食品になりましたが、昔は違いました。餅は酒と並び称される高級嗜好品だったのです。餅が正月の祝儀として用いられるようになったり、年中行事のなかで大きな位置を占めていたことは、周知のところです。食べ物であることに変わりはないのですが、酒の肴としても重宝されています。戦国時代の有名な公卿である山科言継《やましなときつぐ》（一五〇七～七九）の日記『言継卿記』には、言継が「餅をさかなにして、酒をのみ候」と記しています。秋になると「栗餅にて茶許《ばかり》也」とも書かれていて、彼は餅も酒も好きだったことがわかります。なお餅は乾燥させた後に、焼いたり煮たりして食べることもできましたから、大変重宝されました。

このように多様性のある高級食品は、正月、節句、祭礼などの慶事には、必ず尊ばれる食べ物として、古来より不動の地位を保ってきたのです。なかでも多用されたのが祭礼でした。いろいろな祭りに、さまざまな餅が現れたのです。またその餅をつくる人びとの思いが、信仰へとつながったものですから、祭りのなかの餅は重要な立場を築いて、現在に至っています。

県下には多くの祭礼が残されていますが、必ずといっていいほど餅が登場します。なかでも、もうこれはわが国最大級といってよい巨大餅群のお鏡があります。長浜市川道《かわみち》町に鎮座する川道神社の氏子集落では、例年二月中旬から三月初頭にかけて、神事である「オコナイ」が盛大に執り行わ

霊神殿に供えられた正月の鏡餅（筆者宅）

七台の一俵鏡が供えられる（長浜市川道町、川道神社）

**餅花**（長浜市宮司町、日枝神社、中島誠一氏撮影）

**オダイモク**（大津市下坂本、酒井神社・両社神社）

れます。氏子旧七か村から各一俵の大鏡餅が、独特の製法でもってつくられ、うやうやしく神社に供えられるのです。オコナイとはいわゆる予祝儀礼ですが、湖北の農村にとっては、一年の豊作や安全を祈願する実に大切な行事だったのです。湖北の各集落では、注目すべき餅づくりを含むオコナイが行われますが、この川道のオコナイは、まさしく「湖北に春を呼ぶ」にふさわしい祭りだったのです。少なくとも、どの集落のオコナイも、餅に対する異常なまでの執着がありますが、これは農耕民族と神との接点を知るうえで、非常に重要な場でもあったのです。

筆者が宮司を務める小槻《おつき》大社（栗東市下戸山）では、大晦日と元旦に、旧七か村の集落の各家から鏡餅が神社に供えられました。ものすごい数量の餅が、本殿にずらりと並びました。しかし現在は生活様式の大激変によって、僅か三軒分しか献上されません。替わって各種の清酒が、注文を受けた酒屋より神社に配達されます。当社氏子の餅に

**左義長の火で餅を焼く**（栗東市下戸山、小槻大社）

対するこだわりというものは、ほぼ消滅した文化といってもよいでしょう。

しかし続けられている風習もあります。小槻大社に隣接する氏子「宮ケ尻《みやがしり》」の集落によって営まれる左義長《さぎっちょ》（例年一月十四日、現在は成人の日、午後五時点火）では、焼け残った火床で正月の「お鏡さん」を焼いて、その場で食べます。昔は火床に餅を投げ入れ、炭の付着した餅を食べると、「今年は無病息災だ」といわれました。昨今は五《ご》徳《とく》（金属輪の下に、足が三、四本付いた道具）と網を使って、衛生管理に気を配っています。

古来、鏡餅や餅花などの餅とは、神霊の依代《よりしろ》であり象徴であると考えられてきました。祭典の後は氏子に配分されますが、同じ餅を口にすることは、共同体の認識を深める役割も果たしていました。また鏡餅を祭壇や家の内外の大切な場所に供えることは、一年の安泰を願うことにもつながっていました。つまり餅と人の深い関係は、わが国民の宗教心意に結びつくものなのでしょう。

# 湖東

# 5

# 信仰と薬

## 多賀町・多賀大社、甲賀市・神農社

薬は、現代社会の医療にとって欠かすことのできない重要なものとして、位置づけられていることは、いうまでもありません。しかし近代医学の恩恵を受けるようになるまで、先祖の人びとは、病気に対して「祈る」ことしか頼るものはありませんでした。

甲賀市甲賀町滝《たき》の龍福寺境内に鎮座する神農《しんのう》社は、製薬業者が集住するこの地に、昭和初期に建立されました。神農とは医薬と農業を司る神さまです。一般には「神農さん」と呼ばれ、薬祖神を祀る薬種商の人びとによる信仰は絶大でした。なお龍福寺の本尊は薬師如来坐像（重要文化財）で、世の病を救済する仏として、昔はこの地域一帯の中核をなす寺院だったことも知られています。現在、神農社の祭典は油日《あぶらひ》神社（甲賀町油日）が兼務し、管理は製薬会社が担っています。

古来、甲賀市域は山岳宗教が発展した地域で、また山伏が集住した地区もあって、かれらの大きな活動の一つに、護符の配布と薬の製造・販売がありました。医学というものとは縁のなかった当時としては、病期平癒に効く護符と貴重な生薬は、このうえもなくありがたいものでした。

さらに興味深いことは、甲賀の山伏たちの多くが所属した多賀社（現在の多賀大社・犬上郡多賀町）についてです。中世以来、当社は「神官兼御家人」の多賀一族らが中心的地位を保っていましたが、次第と祭祀組織に変化が生じ、戦国時代になると本願不動院が主導権を把握するようになり

神農社

龍福寺本堂

ました。不動院のほか、配下に般若院・成就院・観音院の三院があって、不動院と三院に所属する

多賀社の拝殿にて神札を授与する坊人（『多賀社参詣曼荼羅』多賀大社蔵）

「同宿輩《どうしゅくのともがら》」（坊人《ぼうにん》）による勧進活動は全国に及び、不動院の経済力は増大しました。江戸時代になると、坊人は一〇〇余人を数え、かれらは「日野坊人」と「甲賀坊人」に分かれましたが、大半は甲賀坊人が占めました。坊人は不動院に所属する一方、飯道寺《はんどうじ》（甲賀市信楽町）などにも属して、広範囲に活躍をしていました。それはすなわち信仰圏の拡大を意味しており、つまり多賀信仰の広がりへと、つながっていったのでした。『多賀社参詣曼荼羅』（多賀大社蔵）には、拝殿にて読経する僧侶の側で、坊人が神札を授与する姿が描かれています。坊人は勧進活動の携行品として、神札のほか薬・暦・杓子などを授与の品とし、信仰と収入の拡大を図りました。

なかでも薬は、実用品として重宝されました。そのような状況下で、極めて注目されるのが甲賀市甲南町竜法師《りゅうぼし》に、今も残る望月家の存在です。竜法師は山伏村としても有名で、特に望月家は甲賀二十一家の一つで、修験道の朝熊《あさま》坊の系

**明王院の萬金丹**

版木（個人蔵）から刷る

**筆者宅に残る家庭配置薬**

望月家の家紋「九曜星」が刷られた近江製剤株式会社の薬箱

譜を引く名門です。伊勢国朝熊岳の金剛證寺《こんごうしょうじ》の内にある明王院《みょうおういん》の山伏で、旦那廻りをするなかで、配札や売薬などの活動をしてきました。薬については、特に「萬金丹《まんきんたん》」なる腹痛薬が有名ですが、この薬は現在でも伊勢市内で販売されています。望月家には萬金丹の版木も残されており、甲賀の山伏たちは地元においても、製薬と売薬をするようになりました。これが本格化するのは、神仏分離政策が行われた明治時代以降です。修験道に基づく配札行為ができなくなると、生活手段として萬金丹を製造販売するようになりました。竜法師の望月家は、明治三十五年（一九〇二）に近江製剤株式会社をつくりますが、かかる歴史的背景が、甲賀市域に製薬会社を多く誕生させた要因と思われます。家庭配置薬（おきぐすり。あらかじめ薬を消費者宅に預け、次回訪問時に消費者が服用した分の代金を徴収する）が甲賀地域より広まったのも頷けます。信仰と薬の関わりの深さを、改めて考えさせられるのではないでしょうか。

6

# 白酒と黒酒

愛荘町・蔵元藤居本家

白酒《しろき》と黒酒《くろき》。神社関係者ならば周知のお酒ですが、詳しいこととなると、いまひとつ知られておりません。そこで今回は特に白酒に焦点をあて、併せて黒酒についても考えてみたいと思います。

一般的に、白酒とは醸造した原酒を漉《こ》した色の白い酒を指し、黒酒とは白酒に薬灰を混ぜたものとされています。大古より新嘗祭や大嘗祭などにおいて、神饌として献供されたもので、天皇も召し上がり、また臣下にも下賜された尊いお酒でした。『延喜式』造酒司の「新嘗祭白黒二酒料」の項には、次のように記されています。

> その造酒は、米一石（女丁、官田の稲を舂《つ》かしむ）、二斗八升六合を以て糵《こうじ》となし、七斗一升四合を飯となし、水五斗を合わせて、各《おのおの》等分して一甕《かめ》となす、甕に酒を得ること、一斗七升八合五勺、熟した後に、久佐木《くさき》の灰三升（御正気《みしょうき》の方の木を採る）を以て、一甕に和合し、是を黒貴《くろき》と称す、その一甕には和せず、是を白貴《しろき》と称す、

要約すると、米で醸造した酒のうち、クマツヅラ科のクサギの灰を混入した酒を黒酒、混入しないそのままの酒を白酒と称すると書かれています。しかし黒色の酒を黒酒、白色の酒を白酒、とする通説に対し疑問視する意見もあります。他の文献によりますと、黒酒も白酒も共に薬灰（クサギの灰）を入れて調合するものと記していますし、さらに論を進めて、白酒・黒酒とは造酒をす

**大嘗祭の御《み》饌《け》用祭器（ミニチュア）**

白酒や黒酒が供えられる（月桂冠大倉記念館蔵）

**新嘗祭御神酒発送駅である稲枝駅ホームでの記念写真（昭和15年〈1930〉頃）**

発送用の大量の白酒が並んでいる（藤居本家蔵）

**藤居本家の宮蔵で行われる白酒完醸祭（非公開）**

正装にて玉串奉奠する藤居鐵也代表取締役、来賓は滋賀県神社庁長以下役員

る白酒殿・黒酒殿の部材にちなむ呼称ではないかとも指摘されているのです。随分とわからないことばかりです。

白酒・黒酒の起源について、その謎は深まるばかりですが、このまぼろしのお酒の製造が愛知郡愛荘町に本社を構える藤居本家に伝えられていることは、大変すばらしいことです。代表取締役の藤居鐵也さんに、貴重なお話を聞かせていただきました。

白酒造りは大正期から始めたそうで、その醸造技術は代々の口伝とされてきました。現在は新嘗祭に献饌される特殊な御神酒として、全国に配送されています。製造は新嘗祭にあわせて用意することより、九月から十一月までの間に仕上げられます。暖かい時期に造る酒なので、難しさが倍増するそうです。アルコール度数はやや低めで、味は米や麴のでき具合によって微妙に違ってきます。白酒は他の銘柄の酒とは違って、極めてデリケートな仕上がりとなっている酒なのです。

各瓶詰された白酒（藤居本家にて）

藤居本家で造られた白酒（右）と黒酒（左）
共に令和元年の大嘗祭の時のもの

醸造が終わり、いよいよ瓶詰め作業に入る直前、例年十月下旬になると「白酒《しろき》完醸祭《かんじょうさい》」が厳粛に執り行われます。このお祭りは白酒造り専用として構えた宮蔵のなかで斎行されます。醸造樽の背後には立派な神殿があり、滋賀県神社庁長以下の来賓参列のもと、祭主は白酒が完醸なったことを言祝《ことほ》ぎます。藤居さんは、この祭典に限って装束に身を整えて参列し、うやうやしく玉串を捧げるのです。

藤居本家では、格別な思いと確たる信念をもって、白酒を毎年造っておられます。まさしく、伝統に裏付けられた秘技にして不変の酒。しかも近江の米どころで造られるこの白酒は、宮中への献上、そして全国の神社で行われる新嘗祭の献上酒として知られています。毎年、筆者も新嘗祭にていただくこの献上酒は、心より大切にしたい近江の神道文化だと感じました。

7

# 惟喬親王伝説を考える

## 東近江市・筒井神社、大皇器地祖神社

東近江市の蛭谷《ひるたに》と君《きみ》ヶ畑《はた》には、木地師《きじし》にとって最大の恩恵者である惟喬《これたか》親王の伝説が根強く残っています。親王は当地の住民に轆轤《ろくろ》の技術を伝えたことから、両地は木地師発祥の地として位置づけられました。江戸時代には全国の木地師統括を、蛭谷では筒井《つつい》八幡宮（筒井神社）と帰雲庵《きうんあん》が、君ヶ畑では大皇《おおきみ》大明神（大皇器地祖《おおきみきじそ》神社）と金龍《きんりゅう》寺《じ》が行いました。近江の山奥の両集落にある宗教施設の権限が、何と全国に及んだのでした。

　ではこのような驚きの実態について、まず惟喬親王から順次みていくことにしましょう。惟喬親王（八四四～九七）は文徳天皇の第一皇子でしたが、皇位は第四皇子の惟仁親王（後の清和天皇）が継ぎました。惟喬親王は貞観十四年（八七二）、病のため出家して隠棲しました。宮内庁が定める墓所は、現在京都市左京区大原にありますが、各地に伝わる親王の隠棲地説から惟喬親王伝説は形成されていったと考えられます。ともあれ蛭谷と

惟喬親王像（中野貴広氏撮影、京都市・個人蔵）

筒井神社（左）と帰雲庵（右）

大木に囲まれた大皇器地租神社

君ヶ畑における惟喬親王伝説も荒唐無稽といえばそれまでですが、大切なことは、これを契機に両村の宗教施設の活動が、木工生産の向上や全国木地師の生活権保証。さらに全国に点在する木地師からの金銭徴収、といった極めて貴重な史実を伝えてくれたことに、高い評価をしなくてはいけません。

伝承によると平安時代のはじめ頃、惟喬親王は蛭谷や君ヶ畑の辺りに入山して、当地の人びとに轆轤《ろくろ》技術を伝授しました。以来、木地師たちは惟喬親王を心から敬うこととなりました。蛭谷には筒井八幡宮、君ヶ畑には大皇大明神が鎮座し、それぞれが惟喬親王を祀りました。そして筒井八幡宮の神主と帰雲庵（臨済宗永源寺派）の住職は筒井《つつい》公文所《くもんしょ》を主宰し、大皇大明神の神主と金龍寺（曹洞宗永平寺派）の住職は高松御所《たかまつごしょ》を主宰して、この各支配所を拠点に全国の木地師たちを総括したのでした。

木地師支配について最も興味深い点は、筒井公文所と高松御所の権威を不動のものとするため、天皇の綸旨《りんじ》や足利将軍らの免状（全て偽文書《ぎもんじょ》）を作成して配布し、また往来手形などを発行して、かれらに生活保障を付与する見返りに、奉加金を徴収するといった利権を獲得したことにありました。両支配所は大いに栄えました。全国の木地師をくまなく訪ね歩き、名前と徴収額を記録した『氏子狩《うじこかり》（駆）帳《ちょう》』（滋賀県指定文化財）には、全国約一万人の氏子名が記されています。利権に関わるなかで、さらに興味深いものには、惟喬親王由緒免状の売買もありました。高値で他国に売却されています。親王伝説の広がりを考えるうえで重要です。しかし明治時代になりますと、法制の改変によって組織は維持できなくなり、長きにわたる支配所の活動は終焉を迎えます。

現在、蛭谷の筒井神社境内には木地師資料館が付設されており、往時の木工道具や古文書を鑑賞することができます。紆余曲折を伴った木地師および木地師支配の歴史が、これらの資料を見るこ

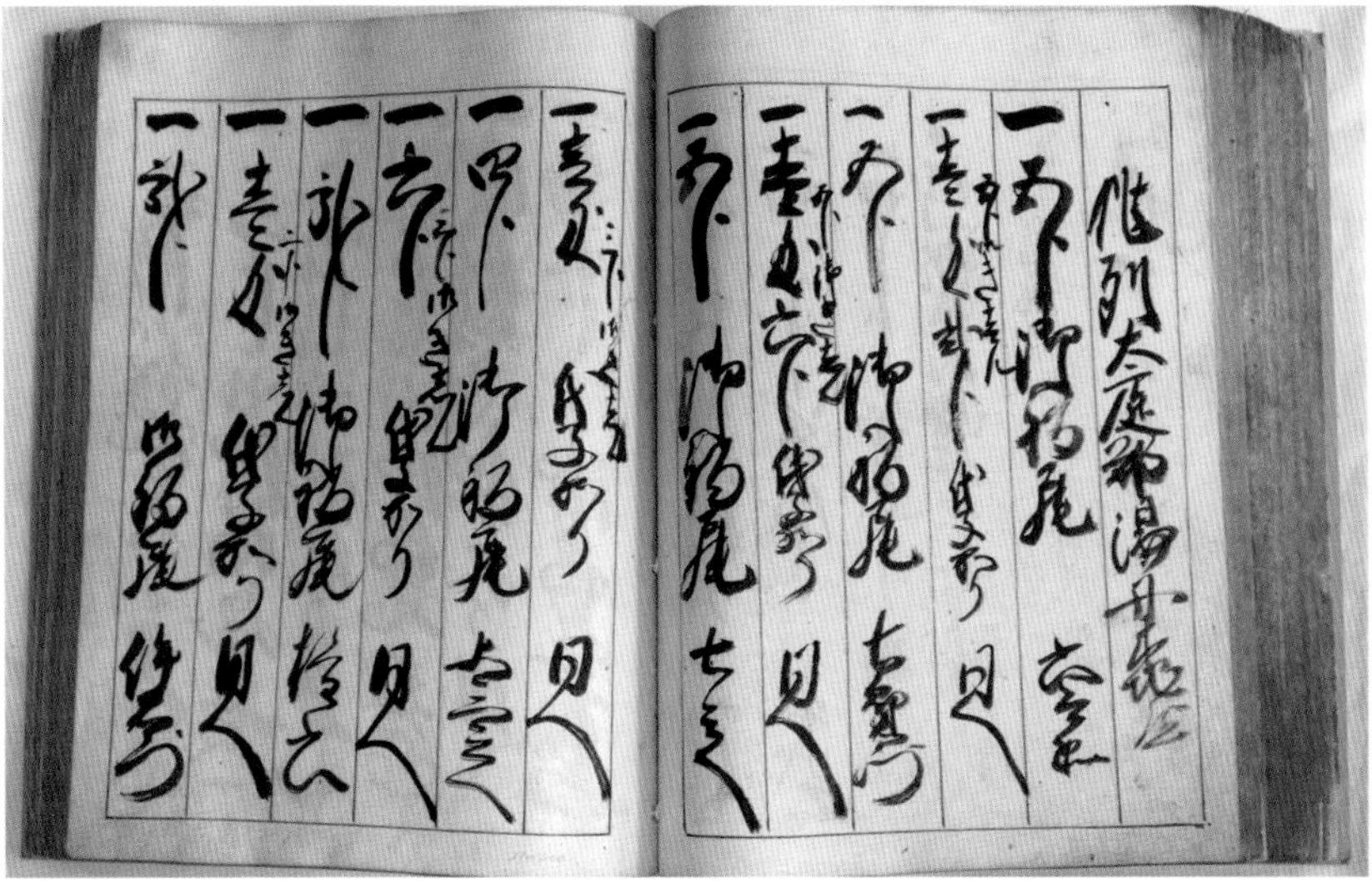

**享保20年（1735）の『氏子狩帳』**（滋賀県指定文化財）
「作州（岡山県）大庭郡湯舟生地屋」からの徴収金額

とによって、深く感じ取ることができるのです。今や全国木地師たちの心のふるさとでもある蛭谷や君ヶ畑には、遠方からの参拝者が絶えません。しかし山奥の集落は、著しく過疎化しています。資料館を案内してくださった地元の「木地師文化を守る会」の小椋重則さんは「何とかして、この伝統文化をしっかりと守っていきたい」と力説された言葉が忘れられません。

　蛭谷からさらに山奥に鎮座する君ヶ畑の大皇器地祖神社は、立派な大木に囲まれた実に美しい神社です。少し離れた所に金龍寺もあり、風格ある境内がそのまま残っています。今日では、蛭谷・君ヶ畑の両社寺が、わが国木地師総支配の拠点だったという往時の雰囲気は、全く残っていません。しかし惟喬親王を篤く祀る社の存在は、いつまでも我々に惟喬親王伝説の歩みを伝えてくれることでしょう。

**展望台の近くにある夫婦岩**

悪心の者は「岩に挟まれる」といわれるが、学術的には流紋岩が冷え固まる時に、割れが生じて形成されたもの（東近江市指定天然記念物）

8

# 太郎坊山の祈り

## 東近江市・太郎坊宮　阿賀神社

東近江市小脇町《こわきちょう》に阿賀《あが》神社（太郎坊宮《たろうぼうぐう》）が鎮座します。箕作《みつくり》山の最南端にある一峰は太郎坊山（赤神《あかがみ》山）とも呼ばれ、山腹には巨大な岩石が露出しています。その山の中腹に社殿は建立されています。山は古来、神体山として崇拝されてきました。特に山麓に建てられた天台宗の成願寺《じょうがんじ》によって祀られてきたのです。そもそも太郎坊とは、修験道の天狗信仰に由来する名前であって、山伏の活動とも深く結びついていました。

成願寺は赤神山と号し、延暦十八年

**太郎坊山（標高344メートル）の全景**
「湖東流紋岩」が山肌から露出する。山中腹の一帯に社殿が建立。
鉄筋の大きな建物は「参集殿・社務所」

（七九九）に最澄が創建したと伝えています。創建にあたっては太郎坊山の天狗の助力を受けたとして、江戸時代まで太郎坊山を祀る天台系の修験寺院でした。古くより

**成願寺**
阿賀神社へ登る石段途中にある

栄えていたようで、五〇余の坊舎が山腹に並んでいたといわれています。十六世紀後半、戦火によって坊舎の大半を焼失し、江戸時代には二坊（行満坊・石垣坊）を残すのみとなりました。明治時代を迎えると、神仏分離政策のもと、成願寺は太郎坊山との関係を絶たれ、二坊も独立して、そして現在のかたちとして存続するようになりました。本尊の薬師如来像は平安時代後期の作で、滋賀県指定文化財です。

さて阿賀神社としての社頭整備は、明治以降に進められます。江戸時代までは、太郎坊大権現社・太郎坊権現宮ともいわれていました。今も阿賀神社境内に建つ嘉永七年（一八五四）の石灯籠には、「太良坊大権現」と記されています。明治九

**境内の石灯籠**

嘉永7年（1854）9月建立、「太良坊大権現」と記されている

**「江州音頭発祥の地」と記された石碑**

昭和44年（1969）建立、延命公園（東近江市八日市松尾町）内に、江州音頭保存会が建てた

年（一八七六）、神仏分離に伴い成願寺との関係はなくなり、阿賀神社という社名にて小脇地域の産土神となりました。ただし太郎坊山における太郎坊宮の名称と存在は、長年にわたる人びとの信仰の基軸でもあったため、現在も阿賀神社の通称は太郎坊宮で、普段より「太郎坊さん」と呼ばれ親しまれています。なお神社の神紋は輪宝紋《りんぼう》です。輪宝は大地をならし、一切の邪魔物を砕くという仏説に基づいています。これを主に用いたのは、修験道信仰者でした。阿賀神社では、昔の太郎坊宮の修験道理念がかたちを変えて、今もしっかりと受け継がれているのです。

以上のように、かなり特異な歩みをもつ宗教施設だったからでしょうか、さらなる興味深いことが太郎坊山周辺には伝えられています。それは当地域辺りが「江州音頭発祥の地」だというのです。実は江州音頭の歌詞（物語）の句切りには、頻繁に「デロレン」が唱えられています。デロレンとは、口で唱えるホラ貝の擬音のことで、一般には「デーン、デレーン、デーレレン」などといった文句（デロレン祭文《さいもん》）が唱えられます。江州音頭でも「アーレレレン、レレレン、レレレンーレーン」と唱えられ、ホラ貝が吹かれ、金錠《きんじょう》（錫杖《しゃくじょう》）で拍子がとられます。デロレン祭文の起源は、中世以降、世俗化・芸能化した山伏祭文に求められるものとされています。したがって当地域では、太郎坊山の修験者より発生した山伏祭文の系譜が、この江州音頭に現れているのではないでしょうか。太郎坊山と江州音頭の接点は、ここにあるような気がします。なお江州音頭は、東近江市指定無形民俗文化財となっています。

いにしえ人の太郎坊山への祈りは、修験者たちの祈りと共に、時代を超えて今の我々の日常に、深く静かに息づいているのではないでしょうか。

# 異国の神さま

## 東近江市・竹田神社

**拝殿に掲げられた神額**
「日本鍛冶鋳物師大祖 竹田神社」と記されている

東近江市鋳物師《いもの し》町に鎮座する竹田神社。この神社には金属加工の祖神である天目一箇命《あめのまひとつのみこと》ほか四柱の神さまが祀られています。現在も鋳物師をはじめとする金属加工製品を扱う者たちの祖神として、また地域の氏神さまとして、幅広い崇敬を集めています。とりわけ鋳物師の神さまであることは、拝殿の神額に記された「日本鍛冶鋳物師大祖竹田神社」を見れば一目瞭然です。

ではこの鋳物師の里が古くから今に至るまで、金工に携わる人びとによって支えられてきたのでしょうか。実はこの町、全く鋳物師のなごりは残っていないのです。とても不思議です。ところがその謎を解く鍵が残されていたのです。それは竹田神社のご神体である二体の神像でした。この

**竹田神社本殿（中央）・能舞台（左）・拝殿（右）**　（能舞台は東近江市指定文化財）

神像は社伝によりますと、蒲生稲寸《いなす》三麿《みまろ》夫婦像といわれており、明治四十四年（一九一一）、国宝に指定されました。戦後になって重要文化財指定となりましたが、近年詳細なる調査研究によって、

**木造男神坐像 二体**　（重要文化財、写真提供・滋賀県立琵琶湖文化館）

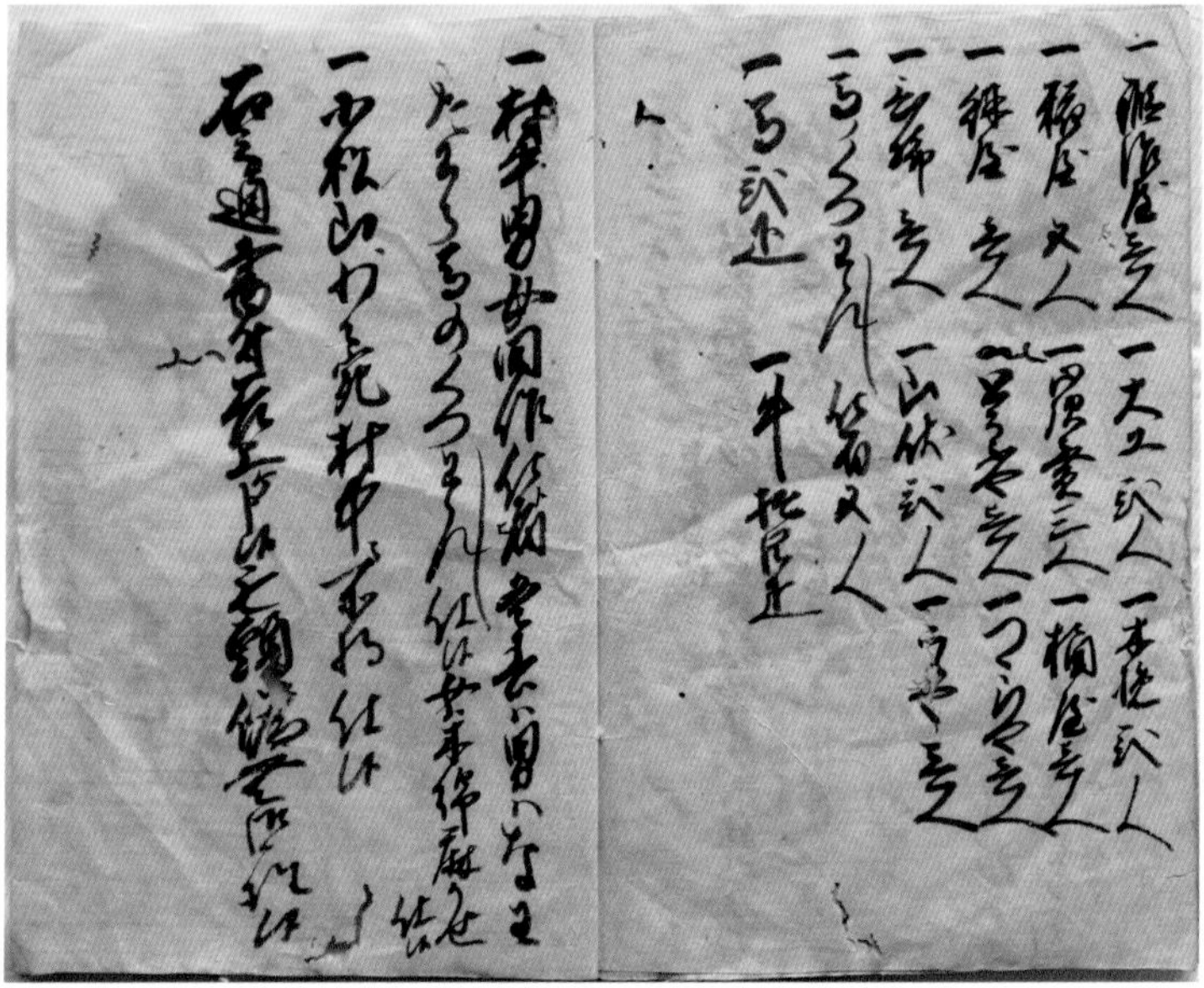

『江州蒲生郡鋳物師村明細帳』（元禄13年〈1700〉3月）右上に「鍛冶屋 壱人」が確認できる。鍛冶職人は農耕村落にとって重要な存在だった

意外なことがわかってきたのです。文化財指定名称は木造男神坐像二体とされ、造立年代は平安時代前期と位置づけられています。

　この竹田神社の鎮座する地域一帯は、古来、蒲生野と呼ばれて、五世紀から秦氏ら渡来系氏族の定着が始まりました。六世紀以降になると、滋賀郡の漢人系氏族らによっても開発が進みました。七世紀には百済遺民も入部し、蒲生野開発はまさしく渡来系氏族たちによって、押し進められたのでした。先端技術を有したかれらの農業手法は、蒲生野全域におよぶ開拓事業に大きな貢献を果たしました。おのずとそこには農機具を駆使した作業がありました。なかでも鉄製品の農具は常に生産やメンテナンスを必要とします。ここに金属加工技術を持った集団が活躍したと容易に考えられます。

　次にご神像の形状です。大きな特徴は面相部にあります。一般的な神像の面貌とは異なり、大陸・西域系の人びとの特徴である鷲鼻および切れ長の目。おそらくこの像は、外国の技術集団が祀った神像ではないか、と位置づけられるのです。すなわち二体の神像は、異国の造形美を有する神像ということになるのです。

以上のことから総括すると、金属加工の先端技術を持った渡来系の集団が奉った社、それが竹田神社であって、そこにはかれらの故郷への思いが込められた神像が奉安されたと考えられるのです。蒲生稲寸三麿夫婦像なる命名の根拠は全くわかりませんが、長い年月のなかで作り出されたものと思われます。

以来、蒲生野一帯は穀倉地帯として発展を遂げてきました。大きな時代変換を乗り越えながらも、生活は連綿と継続されてきました。かたや社会構造の変化のなかで、金属加工技術の集団は消え去りましたが、豊かな農村社会は定着しました。さらにすばらしい教養もはぐくまれました。神社境内に設けられた能舞台（東近江市指定文化財）は、県内でも珍しいものです。明治二十六年（一八九三）、鋳物師の竹村猪八郎が、豊臣秀吉時代に奉納された「竹田の神能《かみのう》」にちなんで寄進しました。神能は明治から大正時代にかけて、盛んに演能されました。

最後になりましたが、江戸時代中期に書かれた『鋳物師村明細帳』（安井家文書）を見ると、村内に鍛冶屋が居たことがわかります。古代社会の渡来系金属加工集団とは全くつながりませんが、鍛冶職人という意味合いで紹介しました。異国の神像を祀る鍛冶鋳物師大祖の社、竹田神社。思わず「悠久の歴史」の世界に引きずり込まれてしまいました。

# 10

# 佐々貴氏と佐々木氏

## 近江八幡市・沙沙貴神社

武家の名門たる近江源氏佐々木氏の祖を祀る沙《さ》沙《さ》貴《き》神社（近江八幡市安土町）については、興味深い話題が多くあります。残存する史料には限りがあるため、推測の域を出ないものもありますが、筆者は佐々木京極氏の研究を学生時代にしていたものですから、思うところに沿って記してみたいと思います。

まず沙沙貴神社の祭神ですが、大彦命《おおひこのみこと》、少《すく》彦名命《ひこなのみこと》、仁徳天皇、宇多天皇・敦実親王、といった四座五神を祀ります。大彦命は、古代において蒲生郡内に勢力を有していた佐々貴山公の祖神とされています。宇多天皇とその子敦実親王は、近江守護の佐々木氏の祖とされています。大昔の由緒については、史料の信憑性から確たることはいえませんが、大変興味深いことは、古代豪族佐々貴山公の系譜を引く佐々貴氏に変わって、宇多源氏の系譜を引く佐々木氏が当地で台頭し、以後佐々木一族の氏神として当社は栄えたということです。中世に至ると、佐々木氏の嫡流たる六角高頼《たかより》、定頼《さだより》、義賢《よしかた》による社殿修復、佐々木氏庶流の朽木《くつき》稙綱《たねつな》による神事銭の寄進、織田信長による能楽奉納など、佐々木一族や武家による崇敬が顕著となりました。江戸時代になっても、讃岐国丸亀藩の佐々木京極家から手厚い寄進を受けています。徳川将軍家からの社領安堵は、いうまでもありません。

沙沙貴神社の氏子圏は、鎮座地の旧常楽寺村を含んだ広範囲に及び、中世の頃より広域村落の氏

沙沙貴神社境内一円

子による盛大な祭りも、執り行われてきたことを知ることができます。武家の名門たる佐々木一族の祖先を祀る神社ではありますが、地域村落の氏神としても重要な役目を成してきたのです。

　ではかかる来歴の沙沙貴神社の現状を見てみましょう。本殿内においては、主祭神扱いとはなっていませんが、木造僧形神坐像（平安時代）などが

木造僧形神坐像（平安時代）

**神号額**

裏面には文治２年（1186）７月28日の刻銘がある。額字は源頼朝の書と伝えられている

安置されています。明らかに神仏習合のなごりをしっかりと伝えてくれています。鳥居に掲げられていた神号額については、文治二年（一一八六）七月二十八日付の刻銘があります。額字は源頼朝の書と伝えられています。社殿については、本殿（五間社流造）、中門、透塀、権殿、拝殿、楼門、東廻廊、西廻廊が全て滋賀県指定文化財となっています。本殿に付随して指定文化財となっている「境内図」は、寛政三年（一七九一）のものですが、寛永十一年（一六三四）制作のものを写した図面です。江戸時代初期の社殿配置図として貴重であり、現在の配置とほぼ変わっていないことがわかります。重厚な本殿、茅葺のすばらしい楼門を始めとする社殿群は、宇多源氏佐々木氏ゆかりの社にふさわしい景観といえるでしょう。

その昔より都に近く、水と肥沃な土壌に恵まれた近江国は、生産性の高い国として注目されてきました。したがって有力氏族の台頭、宗教勢力の浸透などが複雑に絡み合ってきた国でもありまし

近江源氏祭（10月第２日曜日）

た。このようななかにあって、佐々木氏は近江国の盟主として、なくてはならない存在でした。名だたる武将も多く活躍しました。しかし残念なことに、県民の方々はこの佐々木氏について、さほど深い感心がありません。

沙沙貴神社では、全国の佐々木源氏・近江源氏子孫の方に声がけをして、毎年一族を偲ぶ「近江源氏祭」を盛大に斎行されています。新しい祭りではありますが、当世にふさわしい祭礼ではないかと思います。それは佐々貴氏と佐々木氏の長い歩みを、この沙沙貴神社の神前で再認識できるからです。祭りとは、単に古式ゆかしきものが良い、というものではありません。これからも永遠《とわ》に社頭の賑わいを願ってやみません。

（写真提供・沙沙貴神社）

# 湖南



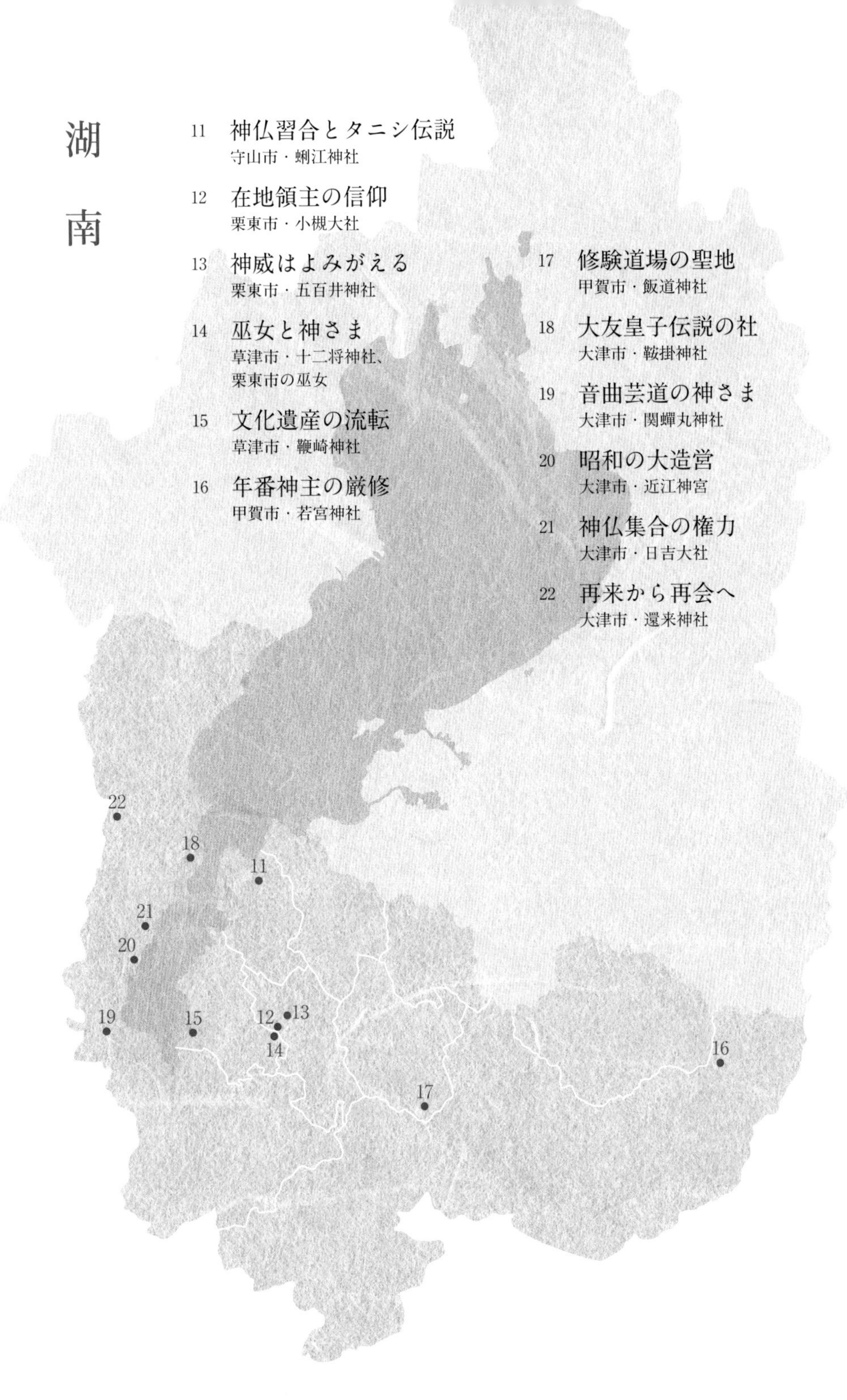

11

# 神仏習合とタニシ伝説

守山市・蜊江神社

「神仏習合とタニシ伝説」とは、実に脈絡のない表現ですが、いろいろと調べていくにつれ、大変興味深いことがわかってきました。守山市笠原町に鎮座する蜊江《つぶえ》神社は、現在も神仏習合がそのまま息づいている珍しい神社です。「蜊」とはハマグリなどをさしますが、地元では「つぶ」と読んでタニシを意味します。タニシは「田んぼのサザエ」ともいわれ、食用される淡水生の巻貝です。このタニシ、笠原地区にはまことしやかな伝説が残っています。神社に伝わる『蜊江大明神縁起』によると、同社所蔵の『大般若経《だいはんにゃきょう》理趣《りしゅ》分《ぶん》』一巻（守山市指定文化財）を、延暦年間（七八二～八〇六）に大蜊がくわえて琵琶湖から川をさかのぼり神社にたどり着いたので、村人は社殿を建て大蜊を祀ったというのです。また江戸時代中頃、神社の横を流れる野洲川が氾濫し、社殿が流失しそうになった時、多くのタニシが神輿に付着し、その重みで社殿をくい止めたといいます。村人は感銘して、境内にタニシ保護の池をつくりました。以来この地区の人びとは、タニシのことを「おつぶさん」と呼ぶようになり、またタニシを一切食用しません。「食べるとお腹をこわします」と責任総代の津田益夫さんもきっぱりとおっしゃいました。驚きです。タニシ保護の池は「御蜊《おつぶ》池《いけ》」として現存します。「隣接の野洲川がむかし天井川だった頃、伏流水が豊富で池は維持できたけれども、近年の河川改修工事の影響でだめになりました。平成二十年（二〇〇八）まではポンプで

**蜊江神社正面**
鳥居の奥は楼門。境内配置は実に美しい

**蜊江神社境内**
右は拝殿、左手前は楼門、中央奥の右から毘沙門堂・地蔵院・社務所（蜊江神社境内は守山市指定史跡）

拝殿で行われる大般若経転読

汲み上げ管理してきたものの、今はかれた状態のままになってます」とのことでした。

伝説とその現状を述べました。実は改めてこの神社のことを考える時、重要なことは、神仏習合を伝える古社だという点です。境内一円は守山市史跡で、文献や神像も守山市指定文化財。境内は神社と寺院（天台宗）が整然と配置されており、現在も大般若経転読が毎年夏に神社の拝殿で行われています。おそらく地域住民の社寺に対する厚い信仰とは、伏流水が豊富で肥沃な土壌、耕作に伴う雨乞い信仰などといった諸要素が、日常親しみのあるタニシを介して、結びつきを深めてきたものなのでしょう。

神主家は中世より世襲され（現宮司家は明治時代以降）、神社から少し離れた場所に居宅を構えていましたが、僧侶は境内に住んでいました（現僧侶は、他町の住職が兼務）。現在、日常の神社の維持管理は、全て「宮世話《みやぜわ》」なる氏子の人びとが行っています。例祭以外の祭典も、全て宮世話の

**御蜊池**
水はなく遺構となっている

**毘沙門堂に安置されていた**
**「化仏《けぶつ》」（左）と「女神像《じょしんぞう》」（右）**
（共に平安時代後期、守山市指定文化財）

仕事です。先述の津田さんは、蜊江神社と境内地蔵院の両責任総代をしています。宗教法人登記も、神社と寺院は二分され、境内地もはっきりと線引きされています。しかし信者たる住民は、昔のままのかたちです。

境内毘沙門堂には奈良時代後期の「天部形立《てんぶぎょうりゅう》像《ぞう》」、平安時代後期の「化仏《けぶつ》」と「女神像《じょしんぞう》」が、蜊江神社本殿には鎌倉時代の「狛犬」（以上は守山市指定文化財）を始めとして、貴重な文化財が数多く残されており、まさしく圧巻です。今後のさらなる調査研究が待たれるところです。

蜊江神社は笠原地区にひっそりと鎮座する神社ですが、神仏習合の歴史に基づいた信仰の秩序というものを、今の我々に発信し続けてくれています。貴重な歴史遺産であると同時に、神道文化を考えるうえでの重要な場であると感じました。

12

# 在地領主の信仰

## 栗東市・小槻大社

**男神座像**（伝於知別命像・平安時代中期・重要文化財）

中世社会において在地領主たる武士の多くは、地元に祀られる神々を自己の氏神とすることが多くありました。

筆者の奉務する小槻《おつき》大社（栗東市下戸山《しもとやま》）は、旧栗太《くりた》郡青地《あおじ》荘に鎮座した式内社で、古くより小杖《おづえ》社《しゃ》とも称され、史料上では「小杖・小杖大明神」とも記されていました。祭神は於知別命《おちわけのみこと》（落別命）で、後世には大国主命を合祀しました。古代において、栗太郡一帯に勢力をもっていた豪族小槻山君の祖が於知別命でした。神社周辺には五世紀以降の古墳が点在しており、また栗太郡衙《ぐんが》（岡遺跡、小槻大社お旅所一帯）の存在などから同神社を中心とした地域は、栗太郡の中核的地域だったことが考えられます。

**小槻大社本殿**
現社殿は永正16年（1519）建立（重要文化財）

小槻山君は采女《うねめ》を朝廷に貢進したりしているところから、栗太郡の郡司もしくはそれに準ずる地位にあったと思われます。平安時代になると一族の主だった者は住居を京都に移し、小槻氏は中央官人としての道を歩むようになりました。一方栗太郡に残った小槻氏は、中世において大宝《だいほう》神社（栗東市綣《へそ》）の神主を世襲した時期もありました。

さて室町時代において栗太郡を支配した青地氏とは、近江源氏佐々木氏の支流である馬淵広定の第四子基綱を祖とした一族でした。馬淵広定とは佐々木定綱の第五子で、蒲生郡馬淵荘に住んで馬淵氏を名乗り、その子基綱が青地荘（志津《しづ》荘とも呼ばれました）に根付いて青地氏を名乗るようになりました。青地氏のことが明らかになってくるのは基綱の孫冬綱の代になってからで、近江国守護佐々木六角時信の守護代を務めていたことが知られています。

青地氏の本拠は志津（草津市青地町）にあって、基綱の子忠綱の代になってから、ここに城郭を築

宮殿　左側面（重要文化財）

宮殿　右側面（重要文化財）

＊神像・宮殿については栗東歴史民俗博物館に寄託しています

いたといわれています。現在その地には小学校が建っています。初代の基綱についてはいまひとつ定かでありませんが、次の基氏や忠綱の代以降になると、少しずつわかってきます。そのようななかで最も注目されるのが、小槻大社内陣安置の宮《くう》殿《でん》外側に記された銘文です。

この史料は、弘安四年（一二八一）十月十九日、小槻大社の内陣に納める宮殿を新調した時、側面に墨書された交名《きょうみょう》です。多くの人の名前が記されていますが、重要な人物は青地一族の名前です。基氏と定氏父子、忠綱と冬綱・宗行父子が確認できます。その他にも青地一族が含まれていると思われます。また僧名については、小槻大社の神宮寺である楽音寺《がくおんじ》の僧侶たちではないかと考えられます。なお青地氏たちの名前の前段には、大きく「聴衆」と題されていますが、これは明らかに宮座のかたちを示したものです。したがってかかる宮殿墨書から、在地領主青地氏の当社における祭祀権の独占を知ることができるといえましょう。

**小槻大社古墳群**
龍王社（鳥居奥の境内社）の敷地に点在する石は、古墳石室を構成した石組の一部。小槻山君一族の古墳と思われる

下って康永二年（一三四三）四月には、青地重頼が小槻大社四脚門を建立していますし、十二月には「近江国栗太郡小杖社神主源（青地）重頼」が正一位の神階授与を天皇に請い、翌年に許可されています。ともあれ青地重頼は、すでに小槻大社神主であったことが確認されるのです。

現在の小槻大社本殿が永正十六年（一五一九）の建立とわかる「本殿棟木墨書銘」によると、延慶二年（一三〇九）十一月に社殿が炎焼したため青地重頼が造立。それ以降の社殿大破については、永正十六年に青地元真が造立していることがわかります。なお祭神を同じくする小槻神社（草津市青地町）の神主職も青地氏が執り行っていることがわかっています。

中世という戦乱の時代にあっても、在地領主の青地氏は小槻大社や小槻神社を大切な信仰のよりどころとして守ってきたのです。乱世を駆け抜けた武士たちの神さまや神社への思いをうかがい知ることができるでしょう。

**平成25年（2013）９月16日の台風18号の影響で土砂崩れが発生**
社殿は消え去り、参道周辺は冠水

13

# 神威はよみがえる

## 栗東市・五百井神社

平成二十五年（二〇一三）九月十六日未明、台風十八号による豪雨で安養寺山が崩れ、栗東市下戸《しもと》山《やま》に鎮座する五百井《いおのい》神社は丘陵地にあったため、瞬時にして消滅しました。参道の鳥居一帯も全て冠水して、被災地に入ることも叶わないありさまとなりました。五百井神社は筆者が宮司を務める兼務社ですので、当日の降りしきる雨のなか、現状をしかと確認しました。第一印象は、自然災害の恐ろしさでした。次は、どうしたら現場へたどり着けるか、さらに現場の被害状況はどうなっているか、などといったことでした。水が引いたのは二週間後で、ようやく氏子総出で捜索を開始しました。なお被災当日、境内に人はいませんでしたが、隣接の民家では一人が亡くなっています。

**在りし日の五百井神社社殿**
平成25年1月31日撮影。8か月後に消滅

十月三日には、何と御神体が無事発見されました。併せて獅子・狛犬も見つかりました。この両者については、先代宮司（筆者の父親）しか存じておりませんでしたので、一同喜びと共に、改めて神さまを身近に感じることができる好機ともなりました。

五百井神社は『延喜式』には「蘆井《いおのい》神社」と記されています。『夫木《ふぼく》和歌《わか》抄《しょう》』（鎌倉時代の私撰和歌集）には「あふみなる、いほの井川の水すみて、ちとせのかげの、みえわたるかな」とあります。蘆井川（草津川支流の金勝《こんぜ》川のこと）は、当社の西南域を琵琶湖に向かって流れており、「蘆井」は古い地名だった

**無事が確認された御神体**
木造男神坐像、平成25年10月3日救出

盛大に行われた上棟祭
（曳綱の儀、平成30年〈2018〉7月14日）

上棟祭の槌打の儀

ことがわかります。神社に隣接する古道を往還した人も、多かったのではないでしょうか。大永四年（一五二四）の神社棟札には「五百井殿」と記されていますので、「五百井」の文字も古くから併用されていたのでしょう。下戸山村の人びとは五百井神社周辺に住んでいましたが、金勝川はたびたび決壊したため、川を隔てた丘陵部に移転し、神社はそのまま現在地に残りました。

　再び災害に話は戻ります。奇跡的発見ともいえる御神像は調査の結果、平安時代中頃作の優れた彫刻であることがわかり、平成二十七年（二〇一五）に滋賀県指定文化財となりました。獅子・狛犬も室町時代の作品とわかりました。そこで両者は地元の栗東歴史民俗博物館で保管していただくことにして、新たな御神体に御霊移《みたまうつ》しを行いました。そして氏子全員と協議のすえ、いよいよ新たな社殿造営にかかることとなりました。

　鎮座地は古くから信仰の拠点だったことを鑑みて、同場所としました。土砂崩れ部には、大がか

**本殿・幣殿・拝殿が竣工**（竣工祭は令和元年〈2019〉6月16日）

りな補強措置を施すことなど県庁と調整し、施工は社寺建築では国内屈指の西澤工務店（彦根市）に依頼しました。かくして上棟祭を被災から五年後の平成三十年（二〇一八）七月十四日に、竣工祭と祝賀会を翌年の令和元年六月十六日に執り行いました。宮司・氏子・関係者一同、本当に感無量でした。なお境内および周辺の整備工事は続きますが、新社殿に参拝できるようになったことは、このうえもない喜びです。

古代より当地の鎮守社として、大切になされてきた五百井神社。さまざまな時代における村人たちの生活を、神さまはずっとご覧になってこられたことでしょう。令和の御代に社殿と御神体は新しく変わりましたが、御神威は新社殿にてよみがえり、さらなる御神徳を得られることとなりました。「神道の歩みとは何か」をしっかり考えることのできるすばらしい体験をさせていただきました。神職として、心から感謝している次第です。

# 14 巫女と神さま

## 草津市・十二将神社、栗東市の巫女

湯立神楽《ゆだてかぐら》・湯立神事《ゆだてしんじ》・献湯祭《けんとうさい》・お湯《ゆ》、などと呼ばれる神事があります。おおむね共通した神事次第とは、本殿の正面に湯釜を据えて湯を沸かし、笹や幣串を浸して自身や周囲の参列者に振りかけます。湯立てを行う者は、巫女《みこ》・祢宜《ねぎ》などで、湯清めの舞などをして、五穀豊穣・無病息災を願い、また吉兆などを占います。巫女は女性ですが、男巫《おとこみこ》による場合も存在しました。

筆者が祭典奉仕する十二将《じゅうにしょう》神社の場合を事例として、見ていきたいと思います。この神社は草津市山寺町に鎮座しますが、小槻《おつき》大社（栗東市下戸山）の境外社です。十二将の名前は、十二神将（十二体の武神）に由来するものです。十二将神社本殿の場所一帯には、江戸時代まで小槻大社の神宮寺であった楽音寺《がくおんじ》が建立されており、その本尊たる薬師如来坐像（南北朝時代、草津市指定文化財）は、現在十二将神社から少し離れた祥光寺《しょうこうじ》（黄檗宗）内のお堂に安置されています。十二神将にふさわしい、立派なお薬師さまです。なお、楽音寺は現存しません。

十二将神社境内社殿の配置は、横一列に並んでおり、向かって右から十二将神社・弁財天・祇園社となっています。献湯祭は各社殿の前で行われます。最初は中央に鎮座の弁財天で、五月に「涼みの湯」が行われます。次は左に鎮座の祇園社で、七月に「祇園さん」が行われます。次は右に鎮座の十二将神社で、九月に「新穀の湯」が行われます。各献湯祭は、「田植え→真夏の成長→

**十二将神社境内**
各社殿前には石竈《いしかまど》が据えられている

**薬師如来坐像**
（山寺町蔵、祥光寺内、草津市指定文化財）

稲刈り」といった水田耕作の進行に合わせて斎行されます。各社殿の前には、専用の石竈《いしかまど》が常設されています。十二将神社の境内は、明治時代以降に整えられますから、石竈もその時からのものでしょう。ちなみに、他社の江戸時代の境内絵図には、石竈の配置まで描かれているものがあります。湯釜を据え方は、神社によっていろいろな方法があるのですが、石竈は最も安定性と耐久性

**献湯祭**
十二将神社境内の祇園社の社殿前にて

に優れたものだといえます。現在、大概の献湯祭は、神道祭式によって執り行われますが、なかには神仏習合の形態を残しながら、今も変わることなく行われている湯立神楽があります。大変貴重です（京都市左京区大原草生町、神明神社の「お湯」）。

献湯祭は主として巫女が務めますが、舞の作法などは地域によって差異があります。栗東市では、県下最古参の巫女である社納久子《しゃのうひさこ》さんが健在です。社納さんは、昭和十一年（一九三六）生まれ。二十五歳の時から巫女としてご奉仕を始め、約六十年もの間、務めてこられました。この間、一度も休むことなく、病気ひとつせずに巫女としての祭祀に携わってこられたのです。真夏の酷暑の時でも、釜の前に立って巫女舞をしている時、つらいと思ったことはないとおっしゃいます。現在、湯立神楽には定型の作法があるものの、ご自身は古法として伝わる「里の神楽」を舞っているとのことでした。県下の巫女の会（美鈴会《みすずかい》）の役員も、長きに渡ってこなされました。現在は、何と

**拝殿における僧侶の読経の間、湯立神楽が巫女により本殿前で行われる。神主は不在**
（京都市左京区大原草生町、神明《しんめい》神社の「お湯」）

五集落、七神社の現役巫女として活躍されています。社納さんは、おっしゃいます。「巫女として最初にご奉仕した時は、これは大変な仕事だと思いました。でもこの仕事は、自身が神さまに助けてもらえる仕事だと思いました」と。社納さんは、今も広大な田んぼの仕事に励まれています。「日々感謝の気持ちをもって働いてます。巫女のご奉仕とも連なっているのですよ」終始にこやかなお顔で、お答えされます。巫女としての心構えは、日常のなかから生まれている、ということに改めて感服した次第です。

**社納久子さん**
伊勢の神宮にて、昭和60年（1985）撮影。祭祀舞上級を取得

# 15

# 文化遺産の流転

## 草津市・鞭崎神社

**木造阿弥陀如来立像**
（上徳寺蔵・京都市指定文化財、写真提供・京都国立博物館）

草津市矢橋町一帯を含む広大な平野部には、ひときわ目立つ鎮守の杜があります。そこには鞭崎《むちさき》神社が鎮座しています。立派な古社ですが、とりわけ注目すべきは当社に残る源頼朝伝説です。建久元年（一一九〇）、頼朝が上洛の途中、矢橋港に近づいた時、馬上より鞭を杜の方角に向けて社名を尋ねました。八幡宮と聞くや、下馬して参拝しました。それ以来、鞭崎八幡宮と称するようになったといわれています。なお明治時代以降は、鞭崎神社の名前で現在に至っています。

**鞭崎神社本殿**

矢橋の地は『万葉集』にも歌われており、また琵琶湖南東岸の港場であって、東海道から分岐した矢橋街道上に位置した交通の要衝でした。したがって鞭崎神社は、古くより当地の村人や往来の人びとから崇敬された神社だったのです。江戸時代になると膳所城主の戸田一西《かずあき》は、慶長八年（一六〇三）に社領一〇石を寄付し、その後の城主からも加増は続きました。ところがこの時期、大変興味深い話が残っているのです。同年、徳川家康が鞭崎八幡宮に参詣した時、同社に安置されていた大変御利益があると評判の木造阿弥陀如来立像を乞い求め、京都の上徳寺《じょうとくじ》（京都市下京区富小路通五条下る本塩竈町）に寄付したというのです。その事の顛末は、宝暦九年（一七五九）に記された「塩《えん》竈山《そうざん》上徳寺本尊縁起」に書かれています。上徳寺は慶長八年（一六〇三）、家康によって建立された浄土宗の寺院で、現在本尊となっている木造阿弥陀如来立像は十三世紀前半の作にして、像高は九七・三センチ。京都市指定文化財となっています。

次は鞭崎神社本殿に関するお話です。近年の調査によると、本殿棟札には天保八年（一八三七）に建て替えしたことが記されていました。さらに

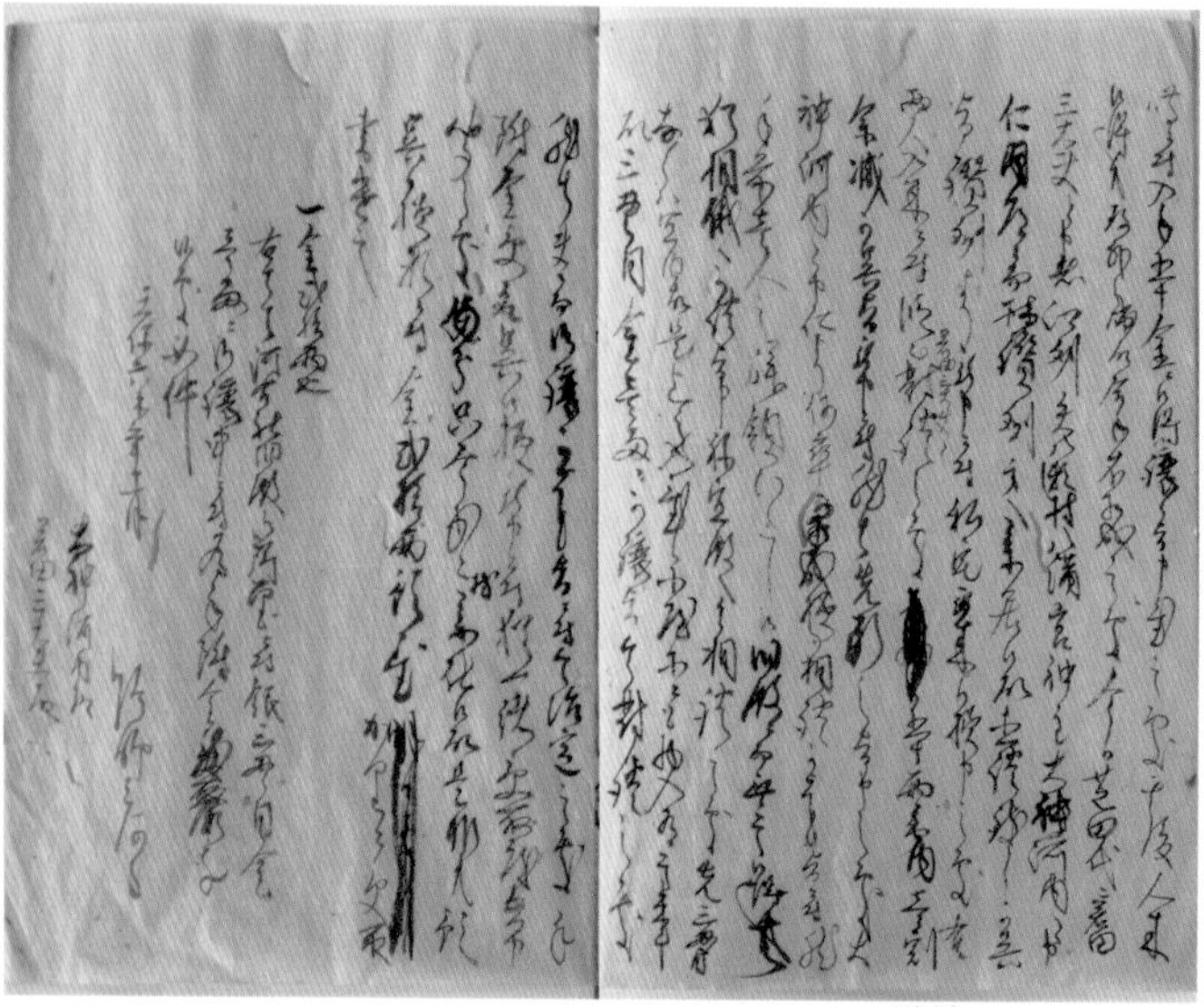

「河合社祝鴨縣主秀静日記」天保６年（1835）11月より（鴨脚《いちよう》家文書）

本殿天井裏柱には「河合」なる墨書が確認されました。これは京都の下鴨神社（賀茂御祖神社）の摂社である河合神社のことですので、早速当時の下鴨神社の社家日記（「河合社祝《はふり》鴨《かもの》縣主《あがたぬし》秀静日記」）を調べてみました。そうすると、天保六年（一八三五）十一月九日条と十二月五日条に、関連記事を見ることができました。以下、その要約を記しておきます。

河合神社の旧社殿を譲って欲しいとの依頼が、矢橋村の（鞭崎）八幡宮神主大神《おおが》河内よりありました。金五〇両で譲ることとなり、手付金として金二〇両を受け取りました。さらに後日、金二〇両を受け取り、残金は社殿の部材が矢橋に着き次第受け取る、ということになりました。

下鴨神社は古くから遷宮と造替を繰り返し行っていて、天保六年の年には遷宮・造替が執り行われています。したがって、この時期に旧社殿と

**鞭崎神社表門**（重要文化財）

なった摂社の河合神社本殿が、鞭崎神社本殿として生まれ変わったことが知られます。

さらに時代は下がって明治四年（一八七一）になると、廃城となった膳所城の城門が鞭崎神社に寄付されて、同社の表門として注目されるようになりました。現在、膳所城の移築門は一二か所が確認されています。鞭崎神社表門の場合は、膳所城南大手門の移築で、重要文化財に指定されています。実にすばらしい形状の門といえるでしょう。

以上、鞭崎神社に関わる歴史を、特に神道文化の遺産という視点から見てきました。御神体だった伝来の仏像と徳川家康にまつわる話、下鴨神社摂社河合神社社殿の本殿転用、そして膳所城廃城によって移築された城門を表門として転用。鞭崎神社の長きにわたる歩みのなかには、このようなドラマがあったことを数々の史料は物語っています。矢橋は湖上交通と陸上交通の拠点。往来した多くの人びとは、鞭崎神社の神さまの御神徳をしっかりとお受けになられたに違いありません。

16

# 年番神主の厳修

甲賀市・若宮神社

甲賀市土山町大河原《おおかわら》に若宮神社が鎮座します。この地は、野洲川上流部に位置する野洲川ダムの下流域にあたります。集落の東側は鈴鹿山脈の稜線に近く、三重県境とも接しています。往古より当地から伊勢国へと通ずる大河原越は、近江東部と伊勢北部を結ぶ要路であったところから、大河原村は往来の人びとで行き交う集落としての歩みも併せもっておりました。

若宮神社は大河原村の氏神として崇敬されてきましたが、実はこの神社には極めて特殊な神主制度が存在しているのです。それは年番神主ともいわれていますが、正確には神主ではなく、氏子による宮守制度のことです。したがって、今も若宮神社の宮司は、田村神社(土山町北土山)宮司が兼務しています。

ではこの若宮神社の年番神主とは、どのようなものだったのでしょうか。昔からのしきたりは全てが口伝だったため、文献資料などは存在しません。したがって、現在務めておられる神主の上野敏男さんから詳細を聞き取ることにしました。以下、その要約を記します。

神主による厳格な慣例は、平成二十八年(二〇一六)まで昔の通りに行ってきました。しかし社会状況の急激な変化に伴って、翌年からは大転換となり、現在は何とか踏ん張って継続していますとのことでした。従来より神主の務めは秘儀なるもので、一切公開を許されませんでした。さて神主とは、大河原に生まれた長男が、青年会組

若宮神社本殿

**歴代の年番神主**
明治27年（1894）からの顔写真

年番神主の上野敏男さん（73歳・2019年当時）

織たる若中から中老に進み、そして幹部に成長すると村の重要な仕事に携わるようになります。さらに講の神主を経験してからようやく有資格者として、神主候補者六人（社中）の末席に加わり、一年ごとに上位へと昇進していきます（五年目の者は脇《わき》神主という）。六年目に晴れて神主に就任すると、毎朝禊《みそぎ》をして精進潔斎にいそしみ、神主として難行苦行の錬磨に努めます。神主はいかなる理由があっても家業に携わることを許されず、毎日朝の六時から夜の九時まで神社において奉仕し、他所へ赴くことも叶いません。かかる所行により、神主が発する霊験は「お指図」と呼ばれ、人びとを導くようになりました。就職、進学、結婚、商売、病気、政治などについて「お指図」を受けに、遠方から多くの信者が若宮神社に詣でるようになったのです。

　ただしここで重要なことは、あくまで神主は神社における祭祀の厳修にあって、スピリチュアルな探究を目的とするものではありません。しかもそれは年番であったということを理解しておかねばいけません。普段は普通の生活をしている者たちが、年々神主に向けて心構えを重ねていき、その末に成就するといった事柄だったからです。「神に奉仕する」ということの究極のかたちを、現代にまでしっかりと伝えてきたことは、まさに驚異というほかありません。

# 愛読者カード

ご購読ありがとうございました。今後の出版企画の参考にさせていただきますので、ぜひご意見をお聞かせください。なお、お答えいただきましたデータは出版企画の資料以外には使用いたしません。

●書名

●お買い求めの書店名（所在地）

●本書をお求めになった動機に○印をお付けください。

1．書店でみて　2．広告をみて（新聞・雑誌名　　　　　　　　）
3．書評をみて（新聞・雑誌名　　　　　　　　）
4．新刊案内をみて　5．当社ホームページをみて
6．その他（　　　　　　　　）

●本書についてのご意見・ご感想

## 購入申込書

小社へ直接ご注文の際ご利用ください。
お買上 2,000 円以上は送料無料です。

書名　　　　　　　　（　　　冊）

書名　　　　　　　　（　　　冊）

書名　　　　　　　　（　　　冊）

郵　便　は　が　き

お手数ながら切手をお貼り下さい

5　2　2-0　0　0　4

滋賀県彦根市鳥居本町655-1

サンライズ出版 行

〒

■ご住所

■お名前《ふりがな》　■年齢　歳　男・女

■お電話　■ご職業

■自費出版資料を　希望する ・ 希望しない

■図書目録の送付を　希望する ・ 希望しない

サンライズ出版では、お客様のご了解を得た上で、ご記入いただいた個人情報を、今後の出版企画の参考にさせていただくとともに、愛読者名簿に登録させていただいております。名簿は、当社の刊行物、企画、催しなどのご案内のために利用し、その他の目的では一切利用いたしません（上記業務の一部を外部に委託する場合があります）。

【個人情報の取り扱いおよび開示等に関するお問い合わせ先】
サンライズ出版 編集部　TEL.0749-22-0627

■愛読者名簿に登録してよろしいですか。　□はい　□いいえ

ご記入がないものは「いいえ」として扱わせていただきます。

ところがかかる制度も四年前に崩れ去り、現在は三人の神主体制で維持しています。しかも全員が神主経験者です。神社の滞在時間は午前七時から午後三時までで、仕事をこなしながら神主もするようになりました。奉仕中は常に裃《かみしも》姿で、御祈祷などもこの姿で行います。大きな祭典のみ装束を着用します。唯一『御湯《みゆ》願心帳』なる横帳が、古式ゆかしく社務所に吊るされています。御湯式は年六回行う神事です。

取材中も参拝者は絶え間なく、駐車している車を見ると他府県ナンバーが目立ちます。境内は隅々まで見事に掃除が行き届き、清浄なる境内が常に保たれていることが一目瞭然。若宮神社こそ、神社神道の有する基軸を今に残してくれているのだと強く感じました。

＊往時の貴重な記録映像として、「若宮神社行事記録」（ＤＶＤ制作　若宮神社、撮影　平成二十五年四月～翌年四月）もぜひ鑑賞いただきたいと思います。

社務所に吊るされた『御湯願心帳』

17

# 修験道場の聖地

## 甲賀市・飯道神社

甲賀市信楽町の北端に位置する飯道山《はんどうざん》（標高六六四メートル）は、飯道寺山《はんどうじ》とも呼ばれ、古くより山岳信仰の山として知られています。山中には飯道神社《いいみち》や飯道寺（現在は廃寺）が建立され、修験道の霊山として信仰を集めました。

両者については、飯道神社の神宮寺が飯道寺という関係でした。神社の読み方については、『延喜式』に「いいみち」とあります。寺院は「はんどう」と称し、寺の方が著名だったため、「はんどうじんじゃ」と地元では呼ばれています。現存の社殿は、慶安二年（一六四九）に建てられたもので、「桁行三間、梁間三間、一重、入母屋造、正面千鳥破風及び軒唐破風付、向拝三間、周囲霧除附属、檜皮葺」といった構造で、極めて特徴のある造形美を有し、重要文化財に指定されています。本殿内の柱上の組物などには極彩色が施され、その美しさには驚嘆します。外見はお堂のようにも見えますが、実にすばらしい神社建築です。一見して、修験道との深い関わりを感じさせます。

飯道神社の本殿内陣からは、建長四年（一二五二）の銘文をもった懸仏《かけぼとけ》を最古として、江戸時代初期に至るまで、総計一〇三八点の懸仏群が滋賀県指定文化財となっています。ほかに平安時代後期の仏像も見つかっています。少なくとも文献によると、平安時代前期までは、著名な神さまとして崇敬されていたことが知られます。飯道山にて「飯道名神」を祀る神社として、また神の降臨す

飯道神社本殿（重要文化財）

る聖地であったことがわかります。

　この飯道神社に接して、明治初年まで飯道寺（天台宗）がありました。飯道寺に伝えられるところの創建は奈良時代までさかのぼるのですが、お

飯道山惣絵図
本図は社務所前の看板写真（宮町区蔵、甲賀市指定文化財）

**飯道山遺跡**（甲賀市指定史跡）

おおむね十世紀以降、飯道明神の別当寺として、金《こん》勝《しょう》寺《じ》（栗東市）によって建立されたと考えられています。さらに後には修験に影響されていくなかで、醍醐寺（京都市）との関係も深まっていきました。飯道山は中世から近世にかけて、神仏習合による修験の霊山として、一帯に多くの坊舎が建立されました。室町時代初期には、五十八の坊舎を数えることができます。

飯道寺の中核は、梅本院・岩本院の二院でした。したがって飯道神社の祭祀も、この梅本・岩本両院の僧侶が執り行っていました。中世以来、両院の宗教的活動はめざましく、江戸時代になると、大峰山《おおみねさん》（奈良県吉野郡）に入峰した全国の山伏に対して任命状を発行する権限や、さらに施設の管理権などを有していました。修験道の世界に絶大な力を発していたことは、いうまでもありません。

このような飯道山の宗教権力を根底から支えていたのが、山麓やその近辺に住居する山伏たちでした。かれらは修験者としての修行とは別に、諸

行者堂

国の檀家を廻り、伏見稲荷社・朝熊《あさま》岳明王院・多賀社などの寺社の勧進を請け負って配札を行いました。さらに御札とともに萬金丹《まんきんたん》などの薬も取り扱ったため、各地に薬が頒布されるという相乗効果が生まれました。薬は大変重宝されましたので、山伏たちの存在は際立つこととなりました。

飯道山は山全体が花崗岩からできており、数々の奇岩が各所にあって、行者の修行場となっていました。現在も修行場は残っています。明治時代を迎えますと、神仏分離政策によって各坊舎は破却されましたが、遺構だけは残りました。そのなかで、唯一行者堂のみが残っています。終始ご案内いただいた飯道神社氏子総代長の中川富次《とみじ》さんは、神社のおもりはもちろんですが、御自身が山伏いう貴重な御仁です。飯道神社ふもとの宮町には、修験者が中川さんを含めて三名おられ、神社で祭典が終了すると、行者堂にて護摩焚きをします。今も飯道山では、神仏習合の修験道が、ひっそりと息づいているのです。

## 18

# 大友皇子伝説の社

### 大津市・鞍掛神社

大津市堅田衣川《きぬがわ》に鞍掛《くらかけ》神社が鎮座します。琵琶湖大橋西詰より南西方向の風光明媚な丘陵に位置しています。現在は宅地開発された住宅地のなかに、ひっそりとありますが、実は大友皇子（弘文天皇）を祭神とする極めて注目すべき伝説の神社なのです。

鞍掛神社本殿（旧社殿）（鞍掛神社蔵）

　そこでまず整理しておかねばならないことは、祭神のことです。大津京で亡くなった天智天皇の息子である大友皇子は、天皇の弟である大海人皇子と皇位継承をめぐって激突しました。これが天武元年（六七二）に起こった有名な「壬申の乱」です。しかし大友皇子は敗れ、自害したといわれています。勝利した大海人皇子は即位して、天武天皇となりました。大友皇子軍敗戦に関わる伝承の地は、大津市内に数か所残っていますが、この鞍掛神社にはすばらしい家来の忠義が伝えられているのです。

　大友皇子は敗走したものの力尽き、この衣川の地に至りて、馬鞍を柳の木に掛けて自刃しました。その後の元慶《がんぎょう》六年（八八二）、陽成天皇の勅命によって皇子の霊を祀る神社が創建されました。これが鞍掛神社です。なお皇子の最期を看

現在の鞍掛神社本殿（中央）、拝殿（右）、祖霊社（左）

取った家来の中村一族は、農民となってこの地に根付き、現代に至るまで、ずっと神社をお守りしてきました。歴代の中村姓は九軒ありましたが、現在は七軒で行っています。毎年の当番が二軒あって、半年ずつ担当します。鞍掛神社は、七軒の中村家でこれからも管理運営されていくのです。なお例祭の時には、近江神宮宮司が祭主を務めます。近江神宮の兼務社となるのは、近江神宮が昭和十五年（一九四〇）に建立されて以降のことですから、それ以前は別の神社の神職が執り行っていたようです。以上のことの大半は、氏子総代の中村友治さん（六十八歳・二〇一九年当時）からうかがうことができました。

さて次は社殿のことです。現社殿は昭和二十年（一九四五）改築のもので、拝殿は翌年に建立されています。本殿に向かって左側に鎮座する社は、中村一族の「祖霊社」です。大変立派です。なお本殿は昭和六年（一九三一）に、伊勢の神宮の遷宮旧部材を下賜されて改築されました。その年

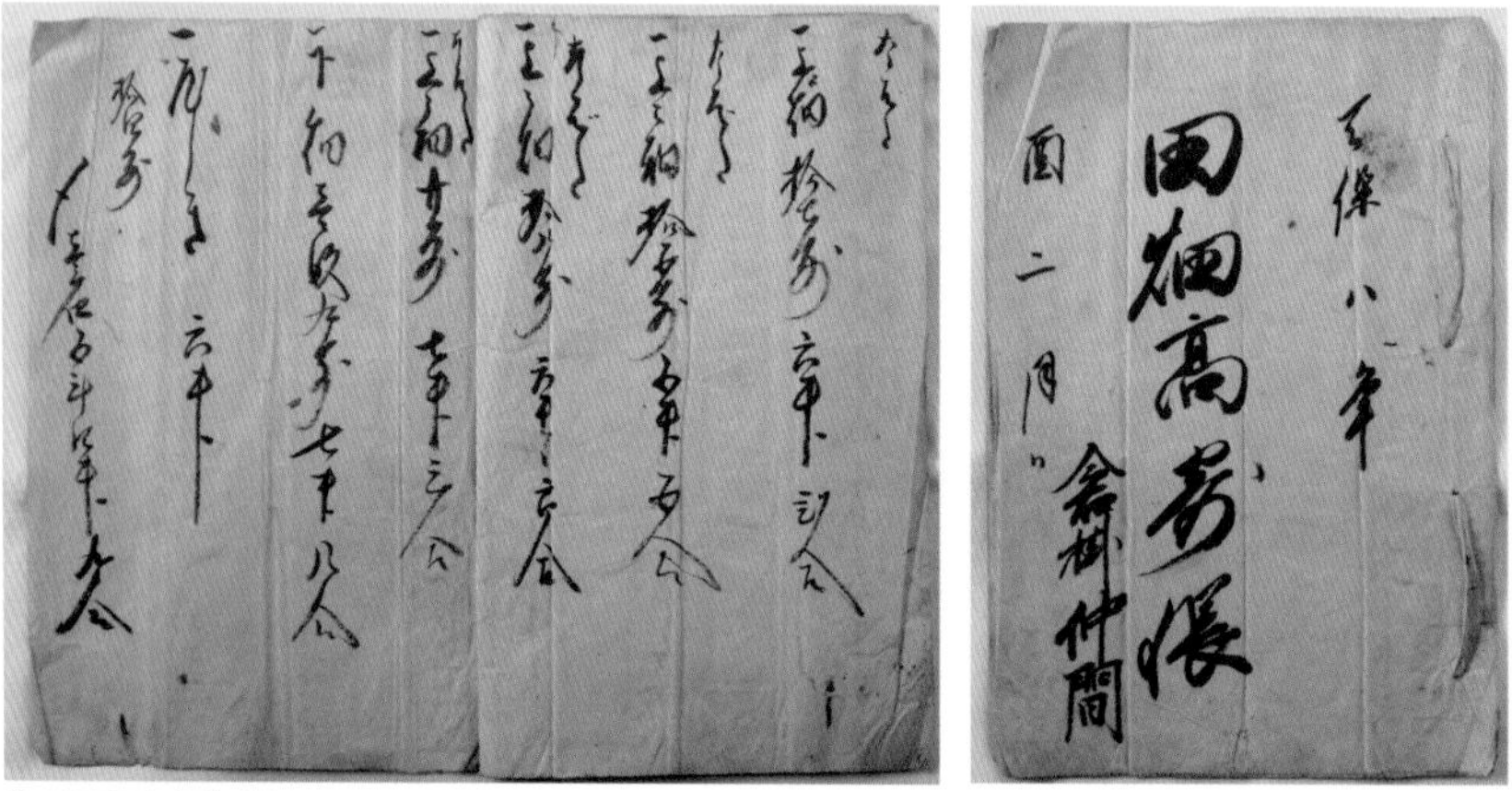


『田畑高寄帳』（鞍掛神社蔵）

「鞍懸神社由来」の石碑

に「鞍懸神社由来」の石碑も建立しています。現社務所は、昭和四十六年（一九七一）に再建しました。このように重なる普請、さらに維持管理には相当な経費もかかりますが、これら全てを中村一族が行っています。社務所には神社に関する書類が保管されており、そのなかに天保八年（一八三七）二月付の『田畑高寄帳《たはたたかよせちょう》』があります。この帳面は、鞍掛神社運営のための財産台帳です。つまり社領の一覧が明記されていて、この

**例祭**
手前の礼服姿が中村一族

資産が重要な財源となっていたことがわかります。総高にして、一石余あったことが知られます。

祭礼も全てを中村一族が取り仕切ります。一族の最も重要な祭りは、皇子の命日たる七月二十三日に斎行される例祭でした。現在は第三日曜日に執り行っています。この時は、一族の当主全員が裃《かみしも》を着用し、威儀を正して参列します。ところが諸般の事情によって、近年からは礼服着用となりました。それでも皇子を心から慕う気持ちに、変わりはありません。前述の中村友治さんは、おっしゃいます。「確固たる信念と篤い思いをもって、お宮をお守りしてきました。これこそが私ども中村一族の使命です」

あまりにも遠い時代のことからとはいえ、このすばらしい心意気には、ただただ感服しました。鞍掛神社と祖霊社をしっかりと守ることが、一族の生きざまとして認識されてきたからでしょう。歩んできた道を、さらに継承していくことの難しさと尊さを考えさせられました。

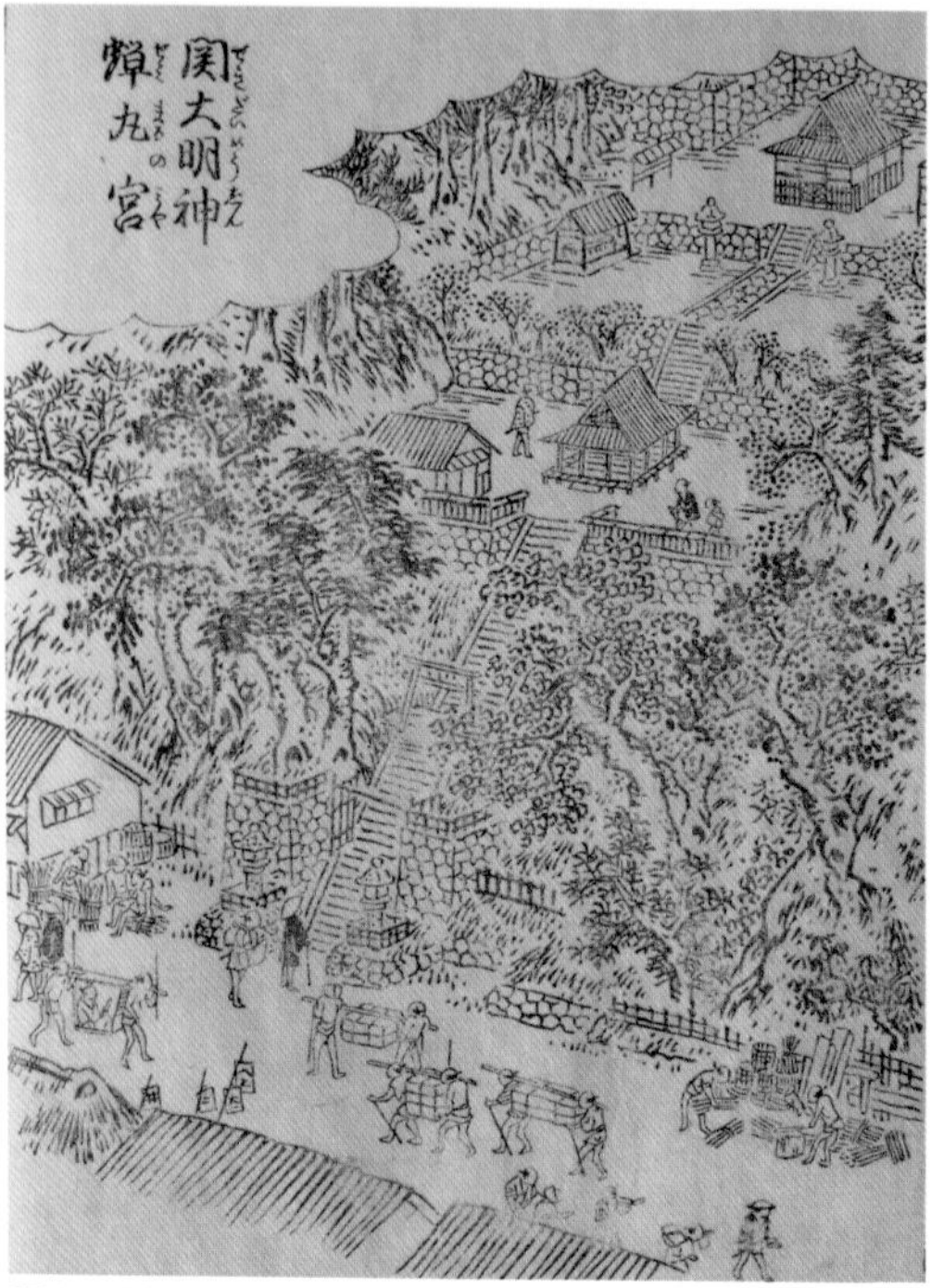


関大明神蟬丸宮（上社）（『伊勢参宮名所図会』〈1797年〉）

19

# 音曲芸道の神さま

## 大津市・関蟬丸神社

平安時代の歌人であり、音楽家でもあった蟬丸《せみまる》を祀った神社について、述べてみたいと思います。神社は三社あって、大津市逢坂《おうさか》一丁目に関蟬丸神社上社（旧称は関大明神蟬丸宮）と下社（旧称は関清水大明神蟬丸宮）が、大谷町には御分社として蟬丸神社が鎮座しています。

この三社が祀る蟬丸とは、百人一首に歌が選ばれていることでも有名ですが、琵琶の奏者としても知られていました。後世、当社は蟬丸にあやかり、「音曲芸道の神さま」として全国から崇敬を受けました。ではこの蟬丸および蟬丸神社を取り巻く信仰とは、何だったのでしょうか。以下、その真実を探ってみたいと思います。

逢坂関に鎮座した関蟬丸神社の現主祭神は、上

関蝉丸神社（上社）

社が猿田彦命《さるたひこのみこと》・下社が豊玉姫命《とよたまひめのみこと》、そして配祀神として両社に蝉丸を祀っています。創建年の詳細はわかりませんが、神社の縁起によると弘仁十三年（八二二）、逢坂山の坂の守護神を山上・山下の二社に祀ったとされています。また応永期（一三九四〜一四二八）の記録には、関の鎮守として「関明神」とも記されています。なお蝉丸については、天慶九年（九四六）に合祀したことが書かれています。

ところがこの蝉丸。氏素性は全く不詳で、いわゆる伝説の人物といってよいのです。南北朝時代の『源氏物語』の注釈書『河海抄《かかいしょう》』には、逢坂関辺りに「蝉歌」にたけた翁がいたことを述べています。そしてこの「蝉歌の翁」に、仁明《にんみょう》天皇が和琴の秘曲を伝えたというのです。蝉歌とは、蝉の鳴き声に似た独特の音質や曲調をもった歌をさしたと思われます。この蝉歌の達人とされた翁が、いつしか蝉丸という名前で呼ばれるようになったのではないでしょうか。蝉丸については、

関蝉丸神社（下社）

蝉丸の墓（福井県越前町）

鳥取県米子市に鎮座する蝉丸神社や、福井県越前町に祀られる蝉丸の墓を見てもわかるように、伝説上の人物とはいえ、後世広く愛されるようになったことが知られるのです。長い歴史のなかで、逢坂山の坂神よりも蝉丸の方が謡曲や地誌類に頻出するようになりました。江戸時代になると、関蝉丸神社は「音曲芸道の祖神」として、全国から信仰を集める神社となったのです。

そのような流れのなかで、特に注目すべきは諸国の説教者（歌舞音曲などを行う雑芸人）との関わりが深いことでした。江戸時代、当社は近松《ごんしょう》寺《じ》、すなわち園城寺（三井寺）の支配下にありました。近松寺は当神社の管理を強行し、説教者を統括していた兵侍家《ひょうじけ》（逢坂の関守の子孫）の社役も

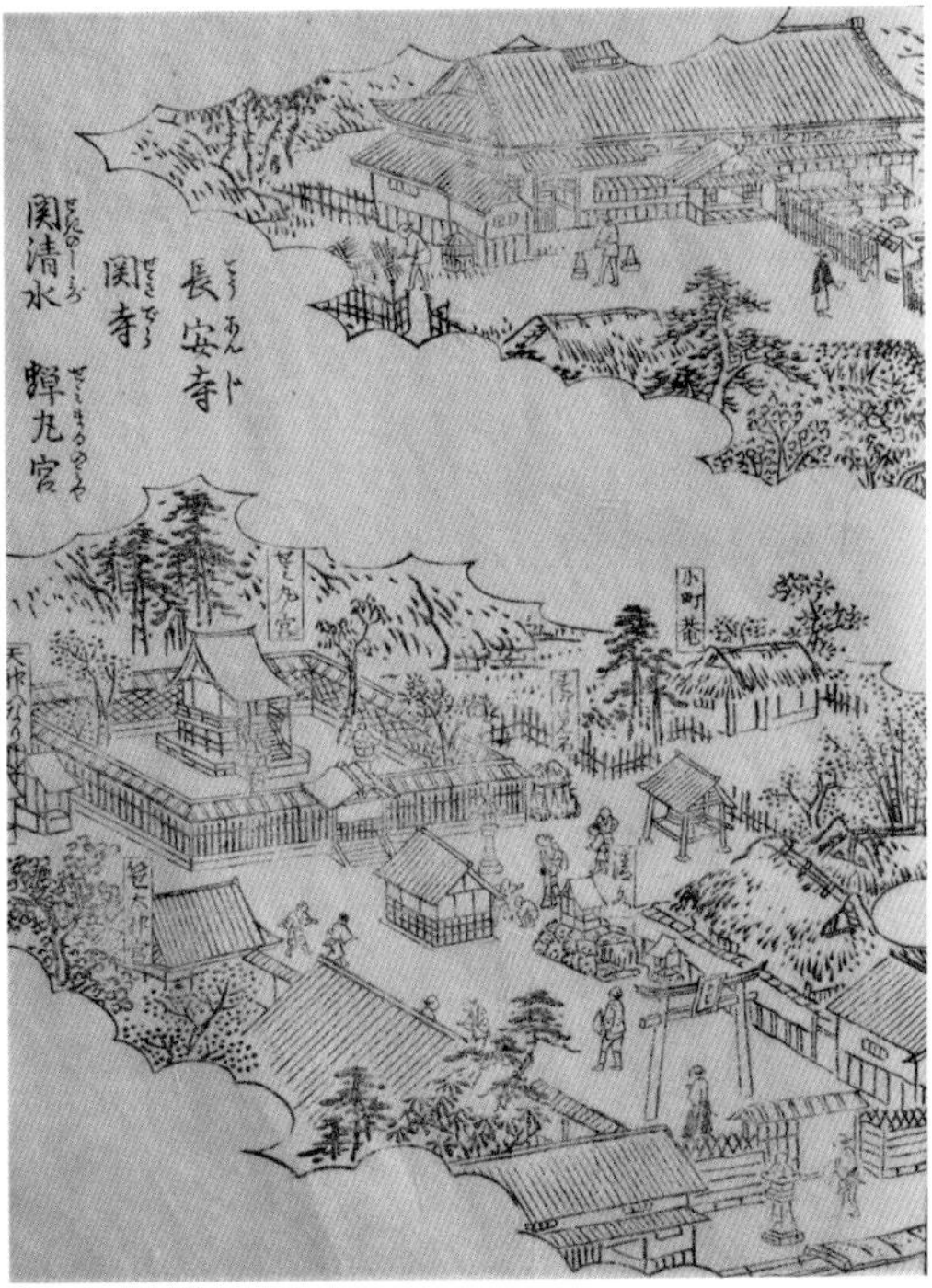

**関清水大明神蝉丸宮（下社）**
（『伊勢参宮名所図会』〈1797年〉）

取り上げてしまいました。神事や社役から得られる利益を独占しようと考えたからです。これら一連のできごとは、全て音曲芸道に基づく利権から発したものでした。一方の芸能者たる説教者にとっては、園城寺の伝統や権威の傘下に入ることは、かれらの身分保障や生活の安定を図るうえで大変有利なことでもありました。特に説教者に対しては、諸芸の免状が交付されていたのです。つまり両者間の共通点が、蝉丸神社の繁栄につながっていったといえるでしょう。

そして現在、関蝉丸神社では芸能はもとより、地域の活性化や大津観光の一拠点として、「関蝉丸芸能祭」が下社の拝殿を中心に毎年盛大に執り行われています。「関蝉丸神社芸能祭実行委員会」の組織のもと、平成二十七年（二〇一五）から現代版「音曲芸道」の披露が復活されたのです。時を超えて敬愛され続けた蝉丸は、祭神となって今後も永久にその名前を我々に伝えてくれることでしょう。

**集団勤労奉仕の風景**
対岸に三上山が見える

20

# 昭和の大造営

## 大津市・近江神宮

大津市神宮町に近江神宮が鎮座します。近江神宮は昭和十五年(一九四〇)に建立された、県内では新しい神社です。本年(令和二年)で鎮座八十年を迎えます。

近江神宮の創建運動については、さらに明治時代までさかのぼります。明治三十三年(一九〇〇)、日吉大社の神職らが、天智天皇を顕彰するために大津神宮の創建を企画し、同三十六年(一九〇三)に大津市長に建議しています。同四十一年(一九〇八)には、大津市制施行十周年記念に際して、市長が天智天皇奉祀神社の創立趣意を発表し、翌年には内閣総理大臣などに「大津宮創建請願書」を提出しました。昭和十年(一九三五)、神社名を「近江神宮」、祭神を「天

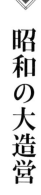

創建まもない頃の風景

智天皇」、社格を「官幣大社」と構想し、造営年を「皇紀二千六百年」にあたる昭和十五年としました。つまり国民の愛国精神昂揚と一体となった大造営事業と位置づけたのでした。同十二年、神社創建の内定が内務省神社局より県庁に通達。関係者一同、大喜びとなりました。早速、近江神宮奉賛会が結成され、募金活動も開始されました。また知事からは「挙県一致して、御造営に力めよ」との訓令が出されました。地鎮祭以来、整地作業には各職場や学生の勤労奉仕（のべ十三万人）がなされました。そして同十五年十一月、参列者二〇〇〇余名のもと、鎮座祭が盛大に挙行されたのでした。鎮座直後より参拝者は多く、新しく創建された神社とはいえ、滋賀県を代表する神社として今日に至っています。

　近江神宮の境内地は約六万坪。「近江造《づくり》」とも「昭和造《づくり》」ともいわれる建築構造を有していて、本殿、祝詞殿《のりとでん》、内拝殿《うちはいでん》、外拝殿《そとはいでん》をはじめとする四〇棟が、国の登録有形文化財となっています。

鎮座直後の一般参拝の風景

近代の神社建築を代表する構造物として、その文化財的価値の高さが知られるところですが、それは多くの先人たちの奉仕や浄財などによって、形成されたものにほかなりません。

現在の近江神宮には、もう一つ注目すべきものがあります。それは「かるた」です。百人一首巻頭歌ゆかりの神社であるため、年頭には神座殿《かみくらでん》において「かるた祭」が斎行されます。天智天皇御製の歌を読師が神前で朗誦《ろうしょう》し、四名の取姫がかるたを取るといった「かるた開きの儀」が行われます。その後、近江勧学館にて競技かるたの全国大会が開催されるのです。この大会は以前から有名なのですが、近年は競技かるたを題材とした少女漫画『ちはやふる』が大ヒットし、さらに同作品がアニメ化・映画化されたため、近江神宮はファン層の「聖地」となり、一段と有名になりました。

そのほかには、天智天皇が大津宮に漏刻《ろうこく》(水時計)を設置したことにちなんで、神社では漏刻祭

**かるた祭**
神座殿《かみくらでん》において年頭に行われる

が執り行われています。また時計館宝物館や近江時計眼鏡宝飾専門学校まで併設されているといったありさまは、実にすばらしい宗教活動の一環といえるのではないでしょうか。

近江神宮は、天智天皇や大津宮といった歴史を背景に創建された新しい神社です。またその建立にあたっては、当時の国威宣揚といった国家体制と一体化した要因も大きかったことは事実です。しかし戦後の新しい社会のなかでは、顕彰すべきものはしっかりと引き継ぎながら、神社として進むべき道を切り開いてきました。地域社会の氏神さまといった鎮守社とは異なる歩みの神社ではあるものの、県内における重要な立場を発信する社にほかありません。そういった意味で、改めて近江神宮の立ち位置をしっかりと認識することが、近江の神道文化を考えるうえで大切なことではないでしょうか。

（写真提供・近江神宮）

樹下宮《じゅげぐう》神輿（重要文化財、写真提供・日吉大社）
神輿の台輪《だいわ》には、山王神使である神猿《まさる》の装飾が施されている

21

# 神仏習合の権力

## 大津市・日吉大社

比叡山延暦寺の東麓に位置する日吉大社（大津市坂本）は、全国に約三八〇〇社ある日吉・日枝・山王社と称する神社の総本社です。平安時代以降は、比叡山延暦寺の守護神として、「日吉山王（権現）」とも呼ばれました。その信仰形態は、まさしく神仏習合の典型でした。それだけにとどまらず、歴代天皇の参詣、強訴時の神輿動座、中世社会における日吉神人《ひよしじにん》たる酒屋土倉衆の活躍など、わが国歴史の重要な局面には、必ず登場する宗教勢力でもありました。字のごとく「神仏習合の権力」として、君臨していたことは史実でした。したがって、近江の神道文化の範疇には収まりきらないのですが、筆者が長年京都で歴史研究をしてきたことのなかから、気付いたことを含め

**日吉大社西本宮**（国宝）

て述べてみたいと思います。

　まず名称については、比叡の地名から「ひえ」と呼ばれていたものが、「日吉」の字をあてるなかで、「ひよし」とも発するようになったようです。『延喜式』には、「ひよし」「ひえ」の両方の振り仮名が記されています。比叡山延暦寺は平安建都以来、王城守護の寺院として位置づけられていましたし、桓武天皇の仏教政策とも相まって繁栄し、一大宗教勢力としての基盤を築きました。その護法神たる日吉社は山麓に広大な境内を有し、西本宮・東本宮の両社殿を軸にして、後に山王二十一社が整います。神像も造立されていたようですが焼失し、本地仏や礼拝画像たる日吉山王曼荼羅《まんだら》などを中心とした仏教的色彩の濃い信仰形態が続きます。

　このような宗教的な部分とともに注目されるのが、政治的側面でした。日吉社には平安時代より伝統的な神輿があり、日吉山王神輿とも呼ばれていました。七社分、七基の神輿については、祭礼

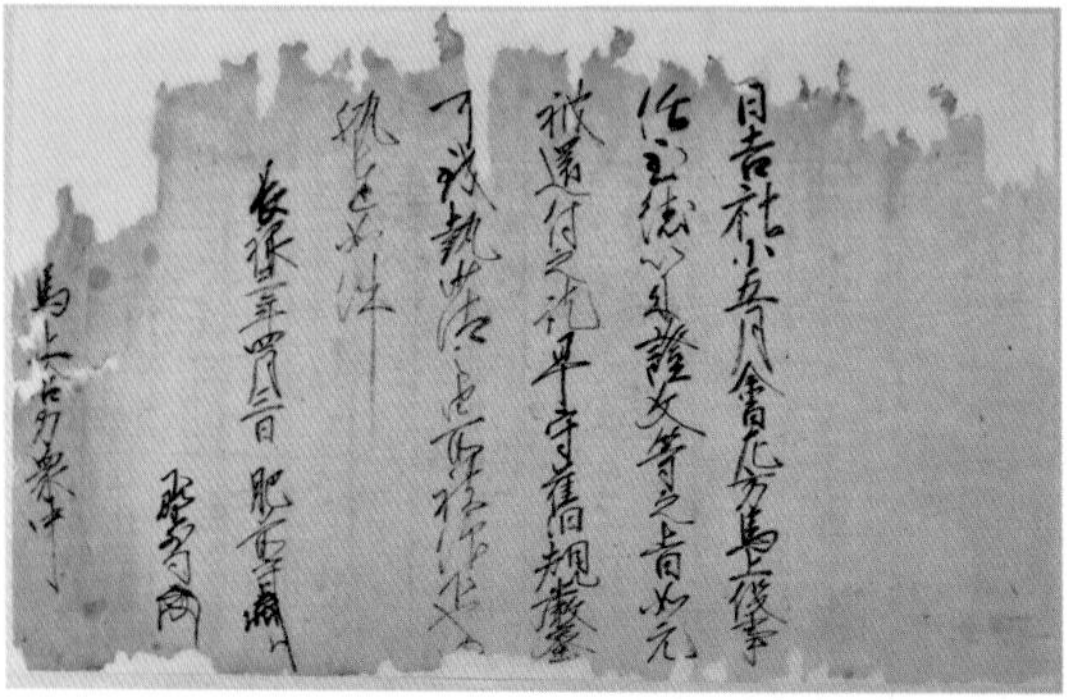

室町幕府奉行人奉書《ぶぎょうにんほうしょ》
（八瀬童子会蔵、重要文化財）
小五月会の左方馬上役《さかたばじょうやく》（在京の神人である酒屋土倉衆たちに課せられた役）について記したもの

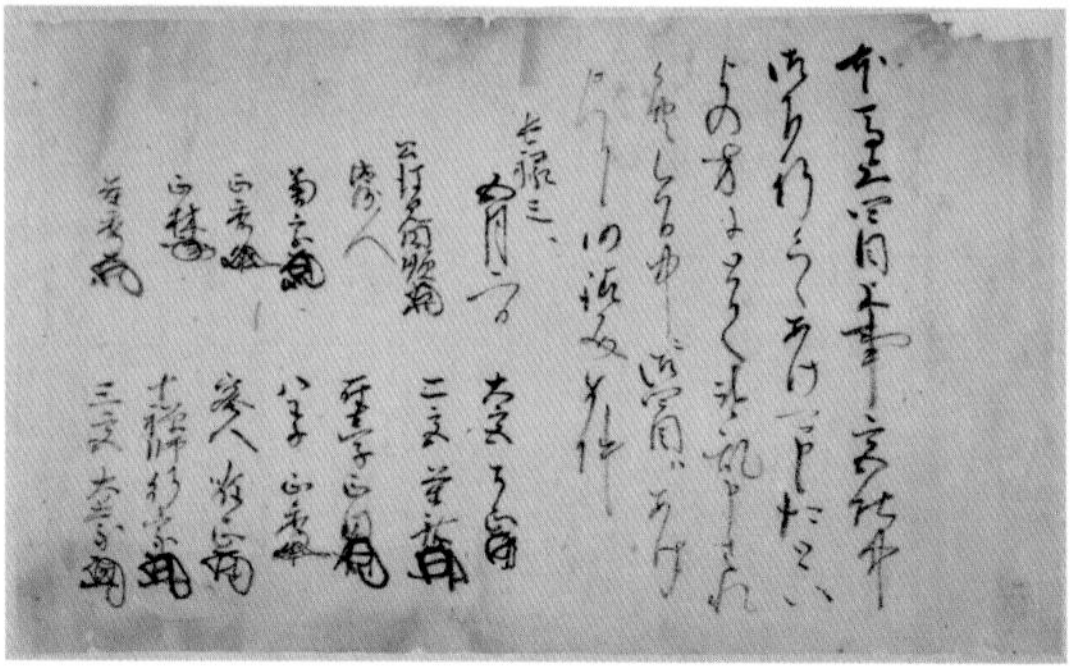

宮仕中請文《みやじちゅううけぶみ》
（八瀬童子会蔵、重要文化財）
小五月会馬上役の注連《しめ》について記した宮仕の請文

以外の使われ方として、延暦寺が朝廷への強訴のおり、衆徒によって担がれました。現存の七基の神輿（日吉大宮神輿・宇佐宮神輿・白山宮神輿・日吉二宮神輿・樹下宮神輿・牛尾宮神輿・日吉三宮神輿）は「日吉山王金銅装神輿」として重要文化財に指定され、収蔵庫に納められています。織田信長による比叡山焼討ち後に新造されたものですが、大変風格のあるすばらしい神輿です。このような重厚な神輿群を政治交渉の手段たる強訴のたびに、都まで担いだというのですから、往事の山法師の体力には感心します。

　次に注目したいのは、京の町衆のなかでも富裕層たる酒屋土倉衆たちのことです。祇園祭は、かれらが中心となって執り行いましたし、また室町幕府の財政さえも支えていました。その酒屋土倉衆の大半は、日吉神人でした。日吉社の宗教権力の傘下に入ることによって、特権を確保したのです。実は昔、日吉社には小五月会《こさつきえ》なる大規模な祭礼がありました。室町時代には盛大に行われてい

**山王礼拝講**（西本宮拝殿、重要文化財、写真提供・日吉大社）

ましたが、天正年間（一五七三〜九二）には、すでに断絶していたようです。在京の神人（酒屋土倉衆たち）と大津や坂本の神人には、祭りについて多額の出銭が言い渡されています。応仁の乱の時にも祭りは中断するのですが、その原因は酒屋土倉衆が銭を納入しなかったからでした。日吉社の幻の祭礼である小五月会を紹介しましたが、その全貌は謎に包まれています。

現在も日吉山王祭は、例年四月に斎行される盛大な祭りです。多く神事のなかに神仏習合の儀式が、しっかりと継承されている貴重な祭りです。また五月の山王礼拝講《さんのうらいはいこう》は、西本宮の拝殿にて、延暦寺僧侶による仏事が厳粛に行われます。日吉大社とは、わが国の歴史の軌跡と神仏習合の歩みを、神事のなかで鮮明に再現してくれる偉大なる神社なのです。

ご神木の「梛の木」

22

# 再来から再会へ

## 大津市・還来神社

大津市の北西部、途中越《とちゅうごえ》に至るまでの集落（伊香立《いかだち》途中町）に、還来《もどろき》神社が鎮座しています。還来とは「もどりくる」の意味ですが、この社には次のような社伝が残されているのです。当社の主祭神は藤原旅子《たびこ》ですが、旅子とは藤原百川の娘で桓武天皇の皇妃（淳和天皇の母）でした。当地は龍華《りゅうげ》荘に含まれ、百川の所領であり邸宅もあったといわれています。旅子はこの地で生まれ育ち、西院（京都市右京区）で亡くなりましたが、遺言により故郷の梛《なぎ》の大樹の下に葬ることとなりました。現在も境内正面には、梛の古木が残されています。旅子は死後、再び誕生地に帰ってきたことから、還来大明神として龍華荘の鎮守になったとされています。下って平治の乱（元治元

還来神社全景

藤原旅子像（還来神社蔵）

年〈一一五九〉では、敗れた源義朝が京都から敗走の途中、当社で武運を祈願しました。そしてその子頼朝が再興を果たすに及んで、当神社に所領を寄進したと伝わっています。このようないわれ

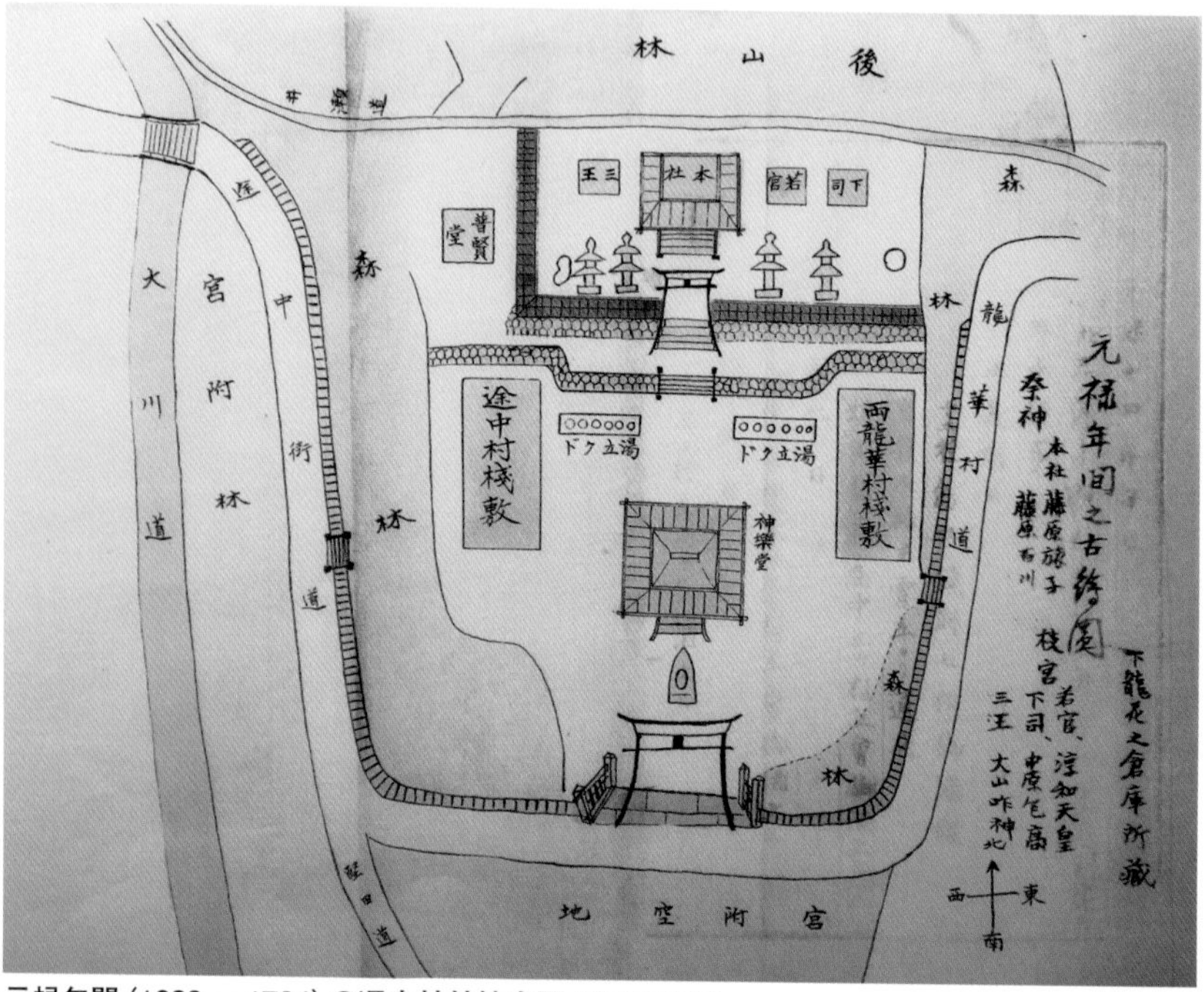

**元禄年間（1688 ～ 1704）の還来神社境内図**（還来神社蔵）

から、還来神社は戦乱および旅から無事に帰れることや、再会を果たすことを祈願する社となったとされているのです。

ではさらに具体的にみていきたいと思います。還来神社は古文書では、還来大明神と表記されています。注目すべき中世の史料を紹介しますと、「三千院文書」の永禄六年（一五六三）閏十二月十九日付『還来大明神縁起』によれば、「大明神之本地垂迹之事」と題して、社殿に安置されている本地仏が明記されています。本社は「十一面観音」、左は「弥勒菩薩」、右は「金剛界大日」とあり、最後に「末代之氏子信仰之為也」と結んでいます。現在、ご神体としては伝わっておりませんが、当社の神仏習合時代をはっきりと確認することができます。

江戸時代に入って、元禄年間（一六八八～一七〇四）の境内図を見ますと、各社殿に祀られている神さまが記されており、さらに境内西側を見ると普賢堂があります。これは現在も残されています。本殿に向かっては、東に「両（上下）龍華村桟敷」が、西に「途中村桟敷」が敷設されており、祭祀組織のなごりも感じさせてくれます。元禄十四年（一七〇一）の年中行事の次第を見ますと、神主による神事とは別に、近隣四か寺の僧侶が還来大明神の社殿前にて、懺法会《せんぼうえ》の読経をしているさまもうかがえます（『祭神ニ関スル由緒』還来神社蔵）。この社が鎮座した龍華村には結家《けつけ》と呼ばれる講があります。上龍華村は、西村（二軒）・荒堀《あらほり》・高谷《たかや》の四家、下龍華村は、榎・小門《こかど》の二家ですが、この都合六家が村落の中心的役割を果たし、祭礼にも大きく携わってきたことが考えられます。

集落の信仰拠点ともなっていた還来大明神でしたが、明治時代以降は大きな転機を迎えます。それは「還来」本来の意味による信仰でした。戦争があると兵隊やその関係者らが、無事故郷に帰ることを願って参拝したのでした。日清・日露戦争頃から参拝者が増え始め、太平洋戦争では最高潮に達しました。地元はもちろん、北海道や九州といった全国から参拝者が訪れました。当時、江若《こうじゃく》鉄道の和邇《わに》駅から五キロは離れていましたが、参拝者の行列ができていたといいます。食糧難の戦争中は、参拝の道すがらに農家から食料を分けてもらっていたそうです。なかには徴兵忌避を祈る者はいないかと、憲兵隊が監視することもありました。神職や受付の応援も得て、終日祈祷を行い、その社頭収入は当時の伊香立村の年間予算よりも多かったということです。還来神社の名前は、全国に知れ渡っていたのです。

しかし戦後はバッタリ参拝客が途絶えました。ひっそりと静まりかえった境内は、その昔のかたちに戻ったのです。でもそれで良いのです。平成三十一年（二〇一九）三月、還来神社では「拉致被害者早期帰還祈願祭」、平成二十四年（二〇一二）には「東日本大震災復興祈願祭」などを斎行しました。現在は「還来」にあやかる「平和」を願う社として、多くの方が参拝されています。

# 湖西・その他



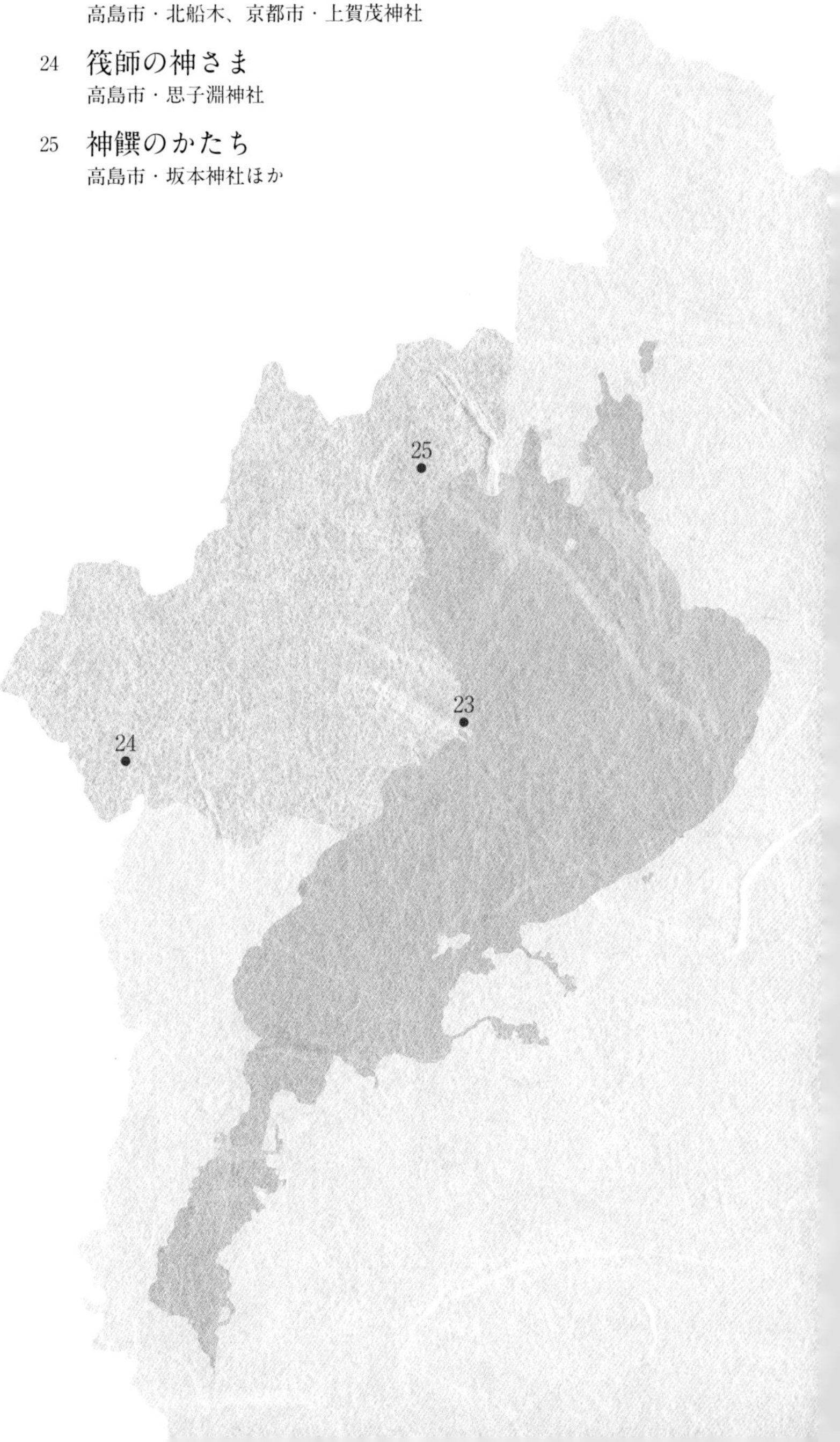

## 23

# 安曇川漁民の献上品

### 高島市・北船木、京都市・上賀茂神社

湖西地方最大の河川である安曇川の河口に発達した集落のなかに、古くから京都の賀茂別雷神《かもわけいかずち》社（上賀茂神社）に贄《にえ》（食べ物）を献上してきた所がありました。その集落と上賀茂神社の結びつきについて、みていきたいと思います。

近江国には上賀茂神社領として、安曇川御厨《みくりや》（高島市）と船木《ふなき》荘（近江八幡市）がありました。御厨とは天皇家・神宮・上下賀茂社・摂関家などに、魚介類を貢進する所領のことをいいます。ちなみに野菜類を貢進する園地は、御園《みその》といいました。安曇川御厨とは安曇川流域一帯に存在した御厨を指すのですが、そのなかでもとりわけ現在の高島市安曇川町に位置する北船木《きたふなき》（船木北浜）に住む供祭人《ぐさいにん》の活躍は有名でした。

安曇川御厨の歴史は古く、寛治四年（一〇九〇）には御厨の領有権をめぐって、上賀茂神社と下鴨神社が争いをするのですが、結果は上賀茂神社が領有することになりました。また貞永元年（一二三二）の北船木区有文書には、興味深いことが記されています。安曇川御厨では、漁民が安曇川や琵琶湖で捕れた魚を、朝夕の御贄《みにえ》として上賀茂神社に献上してきたのです。献上は十一世紀後半から確認され、かれらには公田も支給されており、神に仕える漁民として真摯な日々を送っていたことがわかります。

中世という激動の時代にあっても、北船木の漁民は上賀茂神社の領民として、一種の特権階級の集団として位置づけられていました。かれらは供

カットリ簗全景（安曇川南流）

カットリ簗全景（安曇川北流・渇水時）

上賀茂神社土屋で修祓を受ける北船木漁業協同組合の人びと

祭人と呼ばれる貢納者集団として、上賀茂神社と強く結ばれていたのです。

　ではどのような内部組織となっていたのかをみておきたいと思います。集落に伝わる旧記によると、四番制からなる輪番組織がありました。伊賀《いが》番・清江《せいごう》番・観世《かんぜ》番・南《なん》番の四番が、漁場を一日交替で回していました。四番は四河《よかわ》ともいい、総称して四河座《よかわざ》とも呼ばれました。この漁場管理機構が、現在の漁業組合組織へと発展してきたのでした。

　安曇川は応安六年（一三七三）の大洪水のあと、下流が二分化されて、旧本流の南川と新たな北川ができたといいます。この通りに解釈するならば、北船木の人びとは、この両河川に囲まれた中州に、その時以降生活するようになったわけです。

　御厨の組織は、江戸時代になるとなくなってしまいます。しかし北船木の人びとは、漁場の充実に努力をしました。天保十二年（一八四一）には、簗《やな》漁場・網漁場・鳥漁場の各手法によって、都合九か所の捕獲場所をもっていたことが確認されています。漁労組織は、中世社会にみられた四河座の系譜が引き継がれていて、川株の保有権が決められていました。

上賀茂神社本殿に献上される鮎（左）と琵琶鱒（右）

明治時代以降も漁業権が認められて、漁業組合が設立されました。往古より一貫して安曇川漁業が最も盛んな地域は、この北船木だったのです。このようななかで、現在でも行われている漁業法のうち、特に注目されるものに「カットリ簗」があります。カットリとは「掻き取る」の意から転じたものです。簗とは河川に陥穽具《かんせいぐ》を設置して魚を捕獲する仕掛け漁法のことで、多くの小鮎が掻き取られるのです。現在では北流と南流に各一基が設置されています。両岸を軸にして延びた簗は、実に壮大で美しいです。現在は北船木漁業協同組合が管理運営しています。安曇川産の小鮎は全国に放流されるようになりました。

　このような伝統漁法のなかで、実にすばらしいお祭りが残っています。それは毎年十月一日に上賀茂神社で行われる安曇川献進祭です。今も変わらず、鮮魚神供の報告祭が厳粛に執り行われているのです。安曇川献進祭では、北船木漁民が平安時代から上賀茂神社に連綿と献饌し続けてきた歩みを、神職が祝詞のなかで奏上します。漁民の神さまへの奉仕は、千年の時空を越えて伝えられているのです。

## 24

# 筏師の神さま

### 高島市・思子淵神社

湖西地域最大の河川である安曇川の流域には、古くから筏師が信仰した神を祀る神社が点在しました。神さまの名前は「シコブチ」、神社の名前は「思子淵神社・志古淵神社」などの字があてられています。シコブチのシコとは「強くて恐ろしい」こと、ブチとは「水の深いところ」を意味します。つまり、川の流れの危険なところを総称する意味の言葉と考えられます。ところが神さまとしての「シコブチ大明神」は、安曇川の筏師を見守る大切な神さまとして、昔から信じられてきました。水流が激しく、危険を伴う仕事をする筏師を守護する神さまなくしては、当地域で材木の流通に従事する者たちの心の安らぎはなかったのです。したがって、安曇川およびその支流には、十七社ものシコブチ神社の鎮座が確認されているのです。

安曇川流域における材木流通の歴史は古く、奈良時代には東大寺の建築用材が筏で流されたと伝わっています。特に古代から中世にかけては、大規模な建設用材を必要とする事業に対して、その用材の伐採地として山林を確保しておくことが重要でした。そういった山林や伐り出された材木は、杣《そま》とも呼ばれました。安曇川およびその支流沿いに発達した高島郡域は、杣の産地として知られていました。子田上杣《こだかみのそま》や朽木杣《くつきのそま》は有名でした。伐採された材木は、筏を組んで安曇川やその支流から流されました。流す場合には、津料《つりょう》という通行料金も必要とされました。

安曇川支流の針畑川

以来、連綿と筏流しは行われてきたのですが、昭和初期頃から衰退し始め、終戦後まもなく廃絶となりました。それは道路整備によるトラック輸送や鉄道敷設による貨物輸送の発達が要因でした。また戦争によって若者が応召され、筏師が激減したのです。

さて、話は再びシコブチの神さまに戻ります。安曇川支流の針畑《はりはた》川沿いに鎮座する思子淵神社（高島市朽木小川《こがわ》）について、みていきたいと思います。本社は覆屋《おおいや》のなかに三棟鎮座しており、中央に本殿（思子淵大明神）、向かって左に蔵王権現社（蔵王権現）、右に熊野社（熊野大権現）が鎮座し、それぞれの神さまを祀っています。このうち、蔵王権現社のなかに納められていた板札から、応安四年（一三七一）に建立されたことがわかりました。各社殿の形式は一間社流《いっけんしゃながれ》見世《みせ》棚造《だなづくり》といわれ、梁間《はりま》は一間、正面に縁を設け、屋根は柿葺《こけらぶき》です。中世建築の技法を残す貴重な建造物として、平成二十七年（二〇一五）に重要文化財

**思子淵神社３棟（高島市朽木小川）**
（左から蔵王権現社・本殿・熊野社、重要文化財）

に指定されました。現存する思子淵神社のなかでは、立地および社殿の趣の点で、最も象徴的な「シコブチさん」といえるでしょう。さらに興味深いことは、牛王宝印《ごおうほういん》（護符）が、氏子の手によって刷られていることです。版木（文化十年〈一八一三〉六月付墨書あり）が社殿内に、大切に保管されています。昔から変わることのない信仰が、この朽木小川にもしっかり根付いているのです。

次に紹介する「シコブチさん」は、安曇川上流の支流にあたる百井《ももい》川沿いに鎮座する思子淵神社（京都市左京区大原百井町）です。県外ですが、シコブチ信仰の範囲に含まれています。つまりシコブチ信仰とは、安曇川の河川を基軸に発生した信仰であって、国境は関係ありませんでした。

ところで先年、大原百井町に鎮座する思子淵神社のご神体を調査する機会に恵まれました。社殿には、二体の本地仏が安置されていました。地蔵菩薩立像（像高七〇センチ、室町時代の造像）と毘

版木で刷られた思子淵神社（高島市朽木小川）の牛王宝印

**毘沙門天像**
（思子淵神社、京都市左京区大原百井町）

沙門天像（像高一三六センチ、平安時代の造像）です。特に毘沙門天像は、すばらしいものでした。形状から推して、この毘沙門天像が思子淵神社の本地であったのではないか、と考えました。シコブチ信仰の神仏習合という視点においても、非常に際立つ存在といえるでしょう。

かくして平成二十八年（二〇一六）、「シコブチ信仰」は日本遺産に認定されたのでした。

# 25 神饌のかたち

高島市・坂本神社ほか

日本の食文化の歴史をいろいろ調べていくと、必ず神饌（仏供《ぶつく》を含む）にたどり着きます。実はこの神饌には、わが国古来の食材が伝承されています。では神さまは、どのような食べものを好まれたのでしょうか。神饌の調査研究を通してわかったことについて、述べてみたいと思います。

近年、食文化についてさまざまな研究がなされるようになってきました。このようななかで、神饌についても触れられてきました。とりわけ本や雑仕で紹介される神饌とは、伊勢の神宮・春日大社・賀茂別雷神社などといった、ごく一部の特殊なすばらしい神饌に限られがちです。もっともそれは意味のある神饌なのですが、滋賀県下の神社にも注目すべき神饌が数多く見受けられます（詳細については滋賀県神道青年会企画、宇野日出生・中島誠一著『神々の酒肴　湖国の神饌』思文閣出版、一九九九年を参照）。

神饌とは、神さまにお供えする食べものとはいえ、秘儀として一般公開されない場合も多く、簡単に見学したり撮影を許されないものもあって、ここに神饌研究の難しさが隠されています。神饌はいく種類もの食材から構成されています。歴史的にみて着目すべき史料として、古代神饌のようすを記した『延喜式』神祇部には、大量の食品を記載しています。その食品をどのように神さまに献上したのかを著したものに祝詞があります。延喜式祝詞の一節には、次のように書かれています。

延喜式祝詞「広瀬大忌祭《ひろせのおおいみのまつり》」の一部分

奉《たてまつ》る宇豆《うつ》の幣帛《みてぐら》は、御服《みけし》は明妙《あかるたえ》・照妙《てる》・和妙《にぎ》・荒妙《あら》、五色《いくさ》の物は、盾・戈《ほこ》・御馬《みうま》、御酒は瓱《みか》の閇《へ》高知り、瓱の腹満《み》て雙《なら》べて、和稲《にぎしね》荒稲《あらしね》に、山に住む物は毛の和《にご》き物、毛の荒き物、大野の原に生《おお》ふる物は、甘菜《あまな》、辛菜《からな》、青海原《あおうなばら》に住む物は鰭《はた》の広き物、鰭の狭《せば》き物、奥津藻菜《おきつもは》・辺津《へつ》藻菜に至るまで、置き足はして奉らくと、皇神《すめかみ》の前に白《もう》し賜へと宣《のたま》ふ、

この祝詞は、古代にみる神饌献供の全容を的確に表現しています。多種多様なる神饌がうかがえるのです。ちなみに神饌とは、広義にとらえた場合、食材に限定したものでないこともわかります。

神饌には熟饌（調理神饌のこと。これに対して調理しない神饌を生饌〈丸物神饌〉といいます）が多くみられます。熟饌とは蒸す・搗《つ》く・煮る・炊く・漬ける・発酵させるなどといった加工調製された神饌のことをさします。このなかで最もよくみられるものに餅があります。現在お菓子のなかで、さまざまに餅を利用しているものが多いことは、ご存じのところです。実は餅とは神饌のなかで、主流の位置をなすものなのです。したがってさま

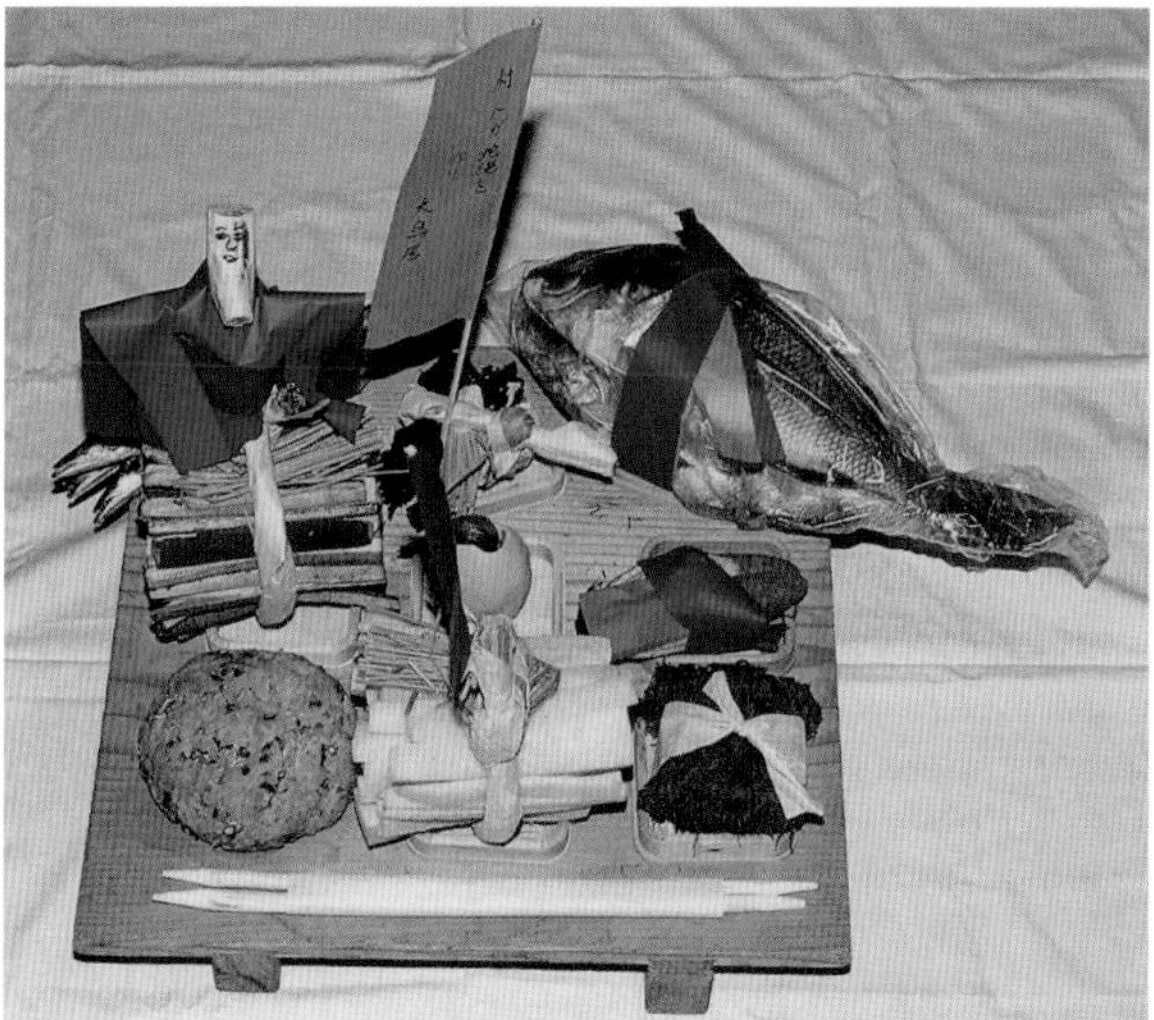

**草津市・老杉神社のオコナイ（２月15日）**
「初の膳（写真）」「二の膳」「別の膳」から構成される特殊神饌

大津市・唐崎神社拝殿にならべられた「粟津《あわづ》の御供《ごく》」（４月14日）
御供舟に載せられ湖中へ納められる

高島市・坂本神社春祭に調製される神饌（４月22日）
知内《ちない》川で採れたウグイのなれずし（竹で挟み、吊るされている）
も献上される

ざまなタイプの餅が神饌として使われます。さらに神饌は直会《なおらい》を通して食されます。直会とは「神人共食の儀礼」といわれています。しかし古来の加工食品は、現代の我々の味覚と比べると、ほど遠いものであるため、おいしくいただくことはあ

**大津市・樹下《じゅげ》神社に献供される神饌（５月第２日曜）**
木製のフネに満載の特殊神饌が、未婚の女性によって頭上運搬される。
一夜官女《いちやかんじょ》の雰囲気を伝える貴重な祭礼

まりありません。したがって現在においては、あくまで儀礼として伝えられるようになりました。

神饌は長い歴史のなかで、大きなうねりもありました。最大のものは、明治初年からの神祇制度の改革でした。これによって生饌が多くなり、神饌も次第と画一化していきました。したがって現在では、主に特殊神饌といわれる神饌にしか古体をみることができなくなってしまいました。

最後に神饌を載せる食器や運搬方法も知っておくことが大切です。神饌は、さまざまな土器《かわらけ》に盛られています。土器には呪術的・神秘的なものが潜んでいて、人の魂や生命が宿るとも考えられていました。使い捨てという清浄感もありました。

さらに神饌を調理し盛り付けて、運搬する方法もさまざまでした。手に持つ、肩で担ぐ、唐櫃《からびつ》で運ぶ、そして頭上運搬するといった方法などがありました。神饌調進献供のかたちとは、明らかにわが国古来の慣習を今に伝えるすばらしい歴史遺産といえるのです。

# あとがき

学生時代は東京で過ごし、滋賀県に帰省後は、栗東市の自宅から京都市の職場（京都市歴史資料館）に通勤しました。休日、連休、年末年始は神職として奉仕し、そのほか常に諸々の所用に追われ、人生があっという間だった気がします。

歴史学の研究と、神職としての仕事をしているなかで、いろいろと感じるところがあって、いずれはこの件について記してみたいと思っていました。そのようななか、四年前に滋賀県神社庁から庁報に連載記事の依頼を賜りました。平素より神社庁への貢献度が低いことに忸怩たる思いをしておりましたので、喜んでお受けさせていただきました。庁報に毎号掲載の「近江の神道文化」シリーズをまとめたのが本書です。ただし庁報は年三回発行ですので、十二話分は転載し、残り十三話分は新稿といたしました。

執筆してみて感じたことは、いかに神道および神道文化とは、いろいろなところに、さまざまな影響を及ぼし、我々の生活文化のなかに、深く根付いているかということでした。ほとんど無意識のうちに溶け込んでいるものが多く、日本文化そのものとは、実は神道文化なのだろうかと感じた次第です。

本書の執筆においては、文献史料も多く参照しましたが、あえて注記もせず、図版も最小限にとどめました。文中写真はできるだけビジュアルなものに限定し、筆者の視点で撮影したものを中心に構成しました。筆者が撮影不可能なものについてのみ、借用させていただきました。

近江は、歴史や文化の奥深い所です。とても本書で言及できたとは、思っておりません。滋賀県神社庁報のシリーズは、今も執筆続行中ですので、さらに知見を深めていきたいと思っています。最後になりましたが、いろいろとご高配いただきました神職の皆様、氏子総代ならびに関係者の皆様、貴重なお写真を提供いただきました皆様、そして本書刊行にご尽力いただきましたサンライズ出版株式会社代表取締役の岩根順子様、営業企画部の竹内信博様に心より深甚の謝意を表する次第です。

宇野　日出生

令和二年九月

## 20　昭和の大造営

| | | | |
|---|---|---|---|
| 写真1 | 集団勤労奉仕の風景（対岸に三上山が見える） | 大津市神宮町 | 近江神宮提供 |
| 写真2 | 創建まもない頃の風景 | 大津市神宮町 | 近江神宮提供 |
| 写真3 | 鎮座直後の一般参拝の風景 | 大津市神宮町 | 近江神宮提供 |
| 写真4 | かるた祭（神座殿において年頭に行われる） | 大津市神宮町 | 近江神宮提供 |

## 21　神仏習合の権力

| | | | |
|---|---|---|---|
| 写真1 | 日吉大社西本宮 | 大津市坂本 | 国宝 |
| 写真2 | 樹下宮神輿 | 大津市坂本 | 重要文化財、日吉大社提供 |
| 写真3 | 室町幕府奉行人奉書（八瀬童子会蔵） | 京都市左京区八瀬 | 重要文化財 |
| 写真4 | 宮仕中請文（八瀬童子会蔵） | 京都市左京区八瀬 | 重要文化財 |
| 写真5 | 山王礼拝講（西本宮拝殿） | 大津市坂本 | 重要文化財、日吉大社提供 |

## 22　再来から再会へ

| | | | |
|---|---|---|---|
| 写真1 | 還来神社全景 | 大津市伊香立途中町 | |
| 写真2 | 藤原旅子像（還来神社蔵） | 大津市伊香立途中町 | |
| 写真3 | ご神木の「梛の木」 | 大津市伊香立途中町 | |
| 写真4 | 元禄年間の還来神社境内図（還来神社蔵） | 大津市伊香立途中町 | |

**湖西・その他**

## 23　安曇川漁民の献上品

| | | | |
|---|---|---|---|
| 写真1 | カットリ簗全景（安曇川南流） | 高島市安曇川町 | |
| 写真2 | カットリ簗全景（安曇川北流） | 高島市安曇川町 | |
| 写真3 | 上賀茂神社土屋で修祓を受ける北船木漁業協同組合の人びと | 京都府京都市北区上賀茂本山 | |
| 写真4 | 上賀茂神社本殿に献上される鮎と琵琶鱒 | 京都府京都市北区上賀茂本山 | |

## 24　筏師の神さま

| | | | |
|---|---|---|---|
| 写真1 | 安曇川支流の針畑川 | 高島市朽木小川 | |
| 写真2 | 思子淵神社 3棟 | 高島市朽木小川 | 重要文化財 |
| 写真3 | 版木で刷られた思子淵神社の牛王宝印 | 高島市朽木小川 | |
| 写真4 | 毘沙門天像 | 京都市左京区大原百井町 | |

## 25　神饌のかたち

| | | | |
|---|---|---|---|
| 写真1 | 老杉神社のオコナイ | 草津市下笠町 | 2月15日 |
| 写真2 | 唐崎神社拝殿にならべられた「粟津の御供」 | 大津市唐崎 | 4月14日 |
| 写真3 | 坂本神社春祭に調製される神饌 | 高島市マキノ町 | 4月22日 |
| 写真4 | 樹下神社に献供される神饌 | 大津市山中町 | 5月第2日曜 |

| | | | |
|---|---|---|---|
| 写真３ | 無事が確認された御神体（木造男神坐像） | 栗東市下戸山 | 平成25年10月3日救出 |
| 写真４ | 盛大に行われた上棟祭（曳綱の儀） | 栗東市下戸山 | 平成30年7月14日 |
| 写真５ | 上棟祭（槌打の儀） | 栗東市下戸山 | |
| 写真６ | 本殿・幣殿・拝殿が竣工 | 栗東市下戸山 | 竣工祭は令和元年6月16日 |

## 14　巫女と神さま

| | | | |
|---|---|---|---|
| 写真１ | 十二将神社境内 | 草津市山寺町 | |
| 写真２ | 薬師如来坐像（山寺町蔵、祥光寺内） | 草津市山寺町 | 草津市指定文化財 |
| 写真３ | 献湯祭 | 草津市山寺町 | 十二将神社境内の祇園社の社殿前にて |
| 写真４ | 拝殿における僧侶の読経の間、湯立神楽が巫女により本殿前で行われる | 京都市左京区大原草生町 | 神明神社の「お湯」 |
| 写真５ | 社納久子さん（伊勢の神宮にて） | 三重県伊勢市 | 昭和60年（1985）撮影 |

## 15　文化遺産の流転

| | | | |
|---|---|---|---|
| 写真１ | 木造阿弥陀如来立像（上徳寺蔵） | | 京都市指定文化財、京都国立博物館提供 |
| 写真２ | 鞭崎神社本殿 | 草津市矢橋町 | |
| 写真３ | 「河合社祝鴨縣主秀静日記」天保6年〈1835〉11月より（鴨脚家文書） | | |
| 写真４ | 鞭崎神社表門 | 草津市矢橋町 | 重要文化財 |

## 16　年番神主の厳修

| | | | |
|---|---|---|---|
| 写真１ | 若宮神社本殿 | 甲賀市土山町 | |
| 写真２ | 歴代の年番神主（明治27年〈1894〉からの顔写真） | 甲賀市土山町 | |
| 写真３ | 年番神主の上野敏男さん（73歳） | 甲賀市土山町 | |
| 写真４ | 社務所に吊るされた『御湯願心帳』 | 甲賀市土山町 | |

## 17　修験道場の聖地

| | | | |
|---|---|---|---|
| 写真１ | 飯道神社本殿 | 甲賀市信楽町 | 重要文化財 |
| 写真２ | 飯道山物絵図（宮町区蔵） | 甲賀市信楽町 | 甲賀市指定文化財 |
| 写真３ | 飯道山遺跡 | 甲賀市信楽町 | 甲賀市指定史跡 |
| 写真４ | 行者堂 | 甲賀市信楽町 | |

## 18　大友皇子伝説の社

| | | | |
|---|---|---|---|
| 写真１ | 現在の鞍掛神社本殿、拝殿、祖霊社 | 大津市堅田 | |
| 写真２ | 鞍掛神社本殿（旧社殿） | 大津市堅田 | 鞍掛神社蔵 |
| 写真３ | 「鞍懸神社由来」の石碑 | 大津市堅田 | |
| 写真４ | 『田畑高寄帳』（鞍掛神社蔵） | 大津市堅田 | |
| 写真５ | 例祭（手前の礼服姿が中村一族） | 大津市堅田 | |

## 19　音曲芸道の神さま

| | | | |
|---|---|---|---|
| 写真1 | 関蝉丸神社 上社 | 大津市逢坂 | |
| 写真2 | 関大明神蝉丸宮（上社） | | 『伊勢参宮名所図会』（1797年） |
| 写真3 | 関蝉丸神社 下社 | 大津市逢坂 | |
| 写真4 | 関清水大明神蝉丸宮（下社） | | 『伊勢参宮名所図会』（1797年） |
| 写真5 | 蝉丸の墓 | 福井県越前町 | |

## 7　惟喬親王伝説を考える

| | | | |
|---|---|---|---|
| 写真１ | 筒井神社と帰雲庵 | 東近江市蛭谷町 | |
| 写真２ | 大木に囲まれた大皇器地祖神社 | 東近江君ヶ畑町 | |
| 写真３ | 惟喬親王像（個人蔵） | 京都市 | 中野貴広氏撮影 |
| 写真４ | 享保20年〈1735〉の『氏子狩帳』 | | 滋賀県指定文化財 |

## 8　太郎坊山の祈り

| | | | |
|---|---|---|---|
| 写真１ | 太郎坊山（標高344メートル）の全景 | 東近江市小脇町 | |
| 写真２ | 展望台の近くにある夫婦岩 | 東近江市小脇町 | 東近江市指定天然記念物 |
| 写真３ | 成願寺 | 東近江市小脇町 | 阿賀神社へ登る石段途中にある |
| 写真４ | 境内の石燈籠（嘉永7年〈1854〉9月建立） | 東近江市小脇町 | |
| 写真５ | 「江州音頭発祥の地」と記された石碑（昭和44年〈1969〉建立） | 延命公園（東近江市八日市松尾町） | |

## 9　異国の神さま

| | | | |
|---|---|---|---|
| 写真１ | 竹田神社本殿・能舞台・拝殿 | 東近江市鋳物師町 | |
| 写真２ | 拝殿に掲げられた神額 | 東近江市鋳物師町 | 「日本鍛冶鋳物師大祖 竹田神社」と記されている |
| 写真３ | 木造男神坐像 二体 | | 重要文化財、滋賀県立琵琶湖文化館提供 |
| 写真４ | 『江州蒲生郡鋳物師村明細帳』（元禄13年〈1700〉3月）には、「鍛冶屋 壱人」が確認できる | 東近江市鋳物師町 | 安井家文書 |

## 10　佐々貴氏と佐々木氏

| | | | |
|---|---|---|---|
| 写真１ | 沙沙貴神社境内一円 | 近江八幡市安土町 | 沙沙貴神社提供 |
| 写真２ | 木造僧形神坐像（平安時代） | 近江八幡市安土町 | 沙沙貴神社提供 |
| 写真３ | 神号額（裏面には文治2年〈1186〉7月28日の刻銘がある） | 近江八幡市安土町 | 沙沙貴神社提供 |
| 写真４ | 近江源氏祭（10月第2日曜） | 近江八幡市安土町 | 沙沙貴神社提供 |

湖南

## 11　神仏習合とタニシ伝説

| | | | |
|---|---|---|---|
| 写真１ | 蜊江神社正面 | 守山市笠原町 | |
| 写真２ | 蜊江神社境内 | 守山市笠原町 | 蜊江神社境内は守山市指定史跡 |
| 写真３ | 御蜊池 | 守山市笠原町 | |
| 写真４ | 拝殿で行われる大般若経転読 | 守山市笠原町 | |
| 写真５ | 毘沙門堂に安置されていた平安時代後期の「化仏」と「女神像」 | 守山市笠原町 | 共に守山市指定文化財 |

## 12　在地領主の信仰

| | | | |
|---|---|---|---|
| 写真１ | 小槻大社本殿 | 栗東市下戸山 | 重要文化財、現社殿は永正16年（1519）建立 |
| 写真２ | 男神座像（伝於知別命像） | 栗東歴史民俗博物館に寄託 | 重要文化財、平安時代中期 |
| 写真３ | 宮殿（右側面） | 栗東歴史民俗博物館に寄託 | 重要文化財 |
| 写真４ | 宮殿（左側面） | 栗東歴史民俗博物館に寄託 | 重要文化財 |

## 13　神威はよみがえる

| | | | |
|---|---|---|---|
| 写真１ | 在りし日の五百井神社社殿 | 栗東市下戸山 | 平成25年1月31日撮影 |
| 写真２ | 台風18号の影響で土砂崩れが発生。社殿は消え去り、参道周辺は冠水 | 栗東市下戸山 | 平成25年9月16日 |

# 写真一覧

## 湖北

### 1　消滅集落の神さま

| | | | |
|---|---|---|---|
| 写真1 | 半明の愛宕神社 | 長浜市余呉町中之郷 | 中之郷の鉛練比古神社境内 |
| 写真2 | 針川・尾羽梨・鷲見地区各社の合祀社殿 | 長浜市余呉町東野 | 東野の八幡神社本殿内 |
| 写真3 | 合祀記念碑 | 長浜市余呉町東野 | 東野の八幡神社境内 |
| 写真4 | 鷲見の八幡神社 | 伊香郡余呉町鷲見 | 中島誠一氏、1988年撮影 |
| 写真5 | 鷲見の洞窟内の祠 | 伊香郡余呉町鷲見 | 中島誠一氏、1988年撮影 |
| 写真6 | 田戸・小原地区各社の合祀社殿 | 長浜市余呉町今市 | 佐味神社拝殿内 |
| 写真7 | 奥川並の八幡神社 | 長浜市余呉町今市 | 今市の集落内 |

### 2　津波で消えた社

| | | | |
|---|---|---|---|
| 写真1 | 塩津港遺跡〈神社跡〉の全景（北から撮影） | 長浜市西浅井町 | 滋賀県提供 |
| 図版1 | 遺構からの想像図 | | 公財 滋賀県文化財保護協会提供 |
| 写真2 | 出土した神像（男神像） | 長浜市西浅井町 | 滋賀県提供 |
| | 出土した神像（女神像） | 長浜市西浅井町 | 滋賀県提供 |
| 写真3 | 起請文木札（保延3年・1137） | 長浜市西浅井町 | 滋賀県提供 |

### 3　湖上から祈る

| | | | |
|---|---|---|---|
| 写真1 | 横井誠一さんのボートで神社に向かう | 長浜市木之本町 | 背後は山梨子の集落 |
| 写真2 | 琵琶湖沖から有漏神社鳥居を見る | 長浜市木之本町 | |
| 写真3 | 有漏神社境内（本殿と拝殿） | 長浜市木之本町 | |
| 写真4 | 覆屋のなかの本殿 | 長浜市木之本町 | |
| 写真5 | 『年々萬日記』 | | 長浜市指定文化財、個人蔵 |
| 写真6 | 集会所に分祀された祭壇 | 長浜市木之本町 | |

### 4　お餅

| | | | |
|---|---|---|---|
| 写真1 | 霊神殿に供えられた正月の鏡餅 | 栗東市下戸山 | 筆者宅 |
| 写真2 | 七台の一俵鏡が供えられる | 長浜市川道町、川道神社 | |
| 写真3 | 餅花 | 長浜市宮司町、日枝神社 | 中島誠一氏撮影 |
| 写真4 | オダイモク | 大津市下坂本、酒井神社・両社神社 | |
| 写真5 | 左義長の火で餅を焼く | 栗東市下戸山、小槻大社 | |

## 湖東

### 5　信仰と薬

| | | | |
|---|---|---|---|
| 写真1 | 神農社 | 甲賀市甲賀町 | |
| 写真2 | 龍福寺本堂 | 甲賀市甲賀町 | |
| 写真3 | 多賀社の拝殿にて神札を授与する坊人 | | 『多賀社参詣曼荼羅』多賀大社蔵 |
| 写真4 | 明王院の萬金丹 | | 版木〈個人蔵〉から刷る |
| 写真5 | 筆者宅に残る家庭配置薬 | 栗東市下戸山 | 望月家の家紋「九曜星」が刷られた近江製剤株式会社の薬箱 |

### 6　白酒と黒酒

| | | | |
|---|---|---|---|
| 写真1 | 大嘗祭の御饌用祭器（ミニチュア） | | 月桂冠大倉記念館蔵 |
| 写真2 | 新嘗祭御神酒発送駅である稲枝駅ホームでの記念写真（昭和15年頃） | 彦根市稲枝町 | 藤居本家蔵 |
| 写真3 | 藤居本家の宮蔵で行われる白酒完醸祭（非公開） | 愛知郡愛荘町 | |
| 写真4 | 各瓶詰された白酒（藤居本家にて） | 愛知郡愛荘町 | |
| 写真5 | 藤居本家で造られた白酒と黒酒 | 愛知郡愛荘町 | 共に令和元年の大嘗祭の時のもの |

■著者プロフィール


宇野 日出生（うの・ひでお）

1955年、滋賀県栗東市生まれ。國學院大學大学院文学研究科日本史学専攻修了。國學院大學神道学専攻科神道学専攻修了。

現在　京都市歴史資料館 主任研究員
　　　小槻大社宮司


主要著書　『神々の酒肴 湖国の神饌』（共著・思文閣出版・1999）
『上賀茂のもり・やしろ・まつり』（共編著・思文閣出版・2006）
『八瀬童子　歴史と文化』（思文閣出版・2007・日本図書館協会選定図書）
『神社継承の制度史』（共編著・思文閣出版・2009）
『京都 町家の老舗』（宮帯出版社・2014）
『京都 実相院門跡』（共編著・思文閣出版・2016）
『京都 左京 あゆみとくらし』（京都市・2016）
『賀茂信仰の歴史と文化』（共編著・思文閣出版・2020）


# 近江の神道文化

2020年10月30日　第1刷発行

著　者　宇野　日出生

発行者　岩根　順子

発行所　サンライズ出版
〒522-0004 滋賀県彦根市鳥居本町655-1
電話 0749－22－0627

印刷・製本　シナノパブリッシングプレス




ISBN978-4-88325-706-5 Printed in Japan